LETTRES

DE VOLTAIRE

A

M. LE CONSEILLER LE BAULT

Paris. — Impr. P.-A. Bourdier, Capiomont fils et Cie, rue des Poitevins, 6.

LETTRES

DE VOLTAIRE

À

M. LE CONSEILLER LE BAULT

PUBLIÉES ET ANNOTÉES PAR

CH. DE MANDAT-GRANCEY

CAPITAINE DE CAVALERIE

PARIS

LIBRAIRIE ACADÉMIQUE

DIDIER ET Cⁱᵉ, LIBRAIRES-ÉDITEURS

35, QUAI DES AUGUSTINS, 35

—

1868

Reproduction interdite

CORRESPONDANCE

DE

VOLTAIRE AVEC M. LE CONSEILLER LE BAULT

La série de lettres que nous livrons à la publicité, se recommande par un caractère d'authenticité parfaitement défini. Écrites au président Le Bault, lorsqu'il n'était encore que conseiller au Parlement de Bourgogne, sa fille unique, la marquise de Cordouë, en hérita lorsqu'il mourut. De ces lettres, cédées par elle à son second fils, le comte G. de Cordouë, ancien chargé d'affaires à Varsovie sous la Restauration, quelques-unes[1] furent communiquées à M. Foisset lorsqu'il publia la *Correspondance de Voltaire avec le président de Brosses*; les autres, restées inédites, ont surtout motivé la présente publication.

Le comte de Cordouë, mort en 1856, légua ses papiers à l'un de ses petits-fils, le baron de Grancey, capitaine de cavalerie, qui conserve les originaux

---

1. Douze sur quarante-quatre.

des lettres en question, transmises, comme on le
voit, d'héritier en héritier dans sa famille mater-
nelle depuis cinq générations.

Si nous avons trouvé un intérêt particulier à
publier ce recueil, c'est que, dans un petit espace,
et à propos de sujets de mince importance, qu'il
sait rendre intéressants, Voltaire s'y laisse voir au
naturel, ou nous permet, du moins, de passer
rapidement en revue quelques épisodes caracté-
ristiques de son existence. Les uns, développés par
le texte même, les autres, remis en lumière par
quelques notes, suffisent pour donner, au premier
venu, une idée sommaire de ce qu'était réellement,
comme homme, celui qu'on a appelé le roi du dix-
huitième siècle.

Nous entendons d'ici telles personnes gémissant
de voir mettre au jour quelque œuvre nouvelle
du dieu des sceptiques et de tous les ennemis du
catholicisme. Nous en savons d'autres que les
mêmes réflexions combleront de joie. En tout cas,
cette question viendra naturellement aux lèvres des
unes et des autres. Qu'apportez-vous au monument
de Voltaire : une pierre pour l'exhausser ? un marteau
pour le démolir ?

C'est pour répondre à cette double question
qu'on nous permettra sans doute de parler des
réflexions que nous inspire la correspondance qui
va suivre.

Et d'abord Voltaire est-il un grand homme? Tout homme célèbre, influent même, n'a pas droit à ce titre que l'on prodigue tant, et qui devrait s'appliquer avec justice à ceux-là seulement, qui, les yeux fixés sur un but élevé, veulent l'atteindre, pour le plus grand bien de la civilisation [1], par des moyens dignes de leur dessein. — Alors, plus leur influence est grande, plus ils sont grands eux-mêmes; mais, avant tout, c'est par le caractère, c'est par l'ensemble de ses intentions traduites par ses actes, qu'un homme sort de la multitude et qu'il acquiert le droit d'aspirer au titre dont nous parlions tout à l'heure.

La correspondance intime d'un homme fournit un des meilleurs moyens de le juger. Or, à ce point de vue, ce que nous offrons de Voltaire le montre aux esprits les plus prévenus, prodigieusement actif, sachant utiliser pour les besoins de sa cause, les plus petits incidents (en les supposant tous vrais); donc, très-habile et très-clairvoyant, sachant intéresser, par sa verve et le charme de son style, aux sujets les plus vulgaires, digne enfin,

---

1. *Une* civilisation est, pour nous, l'ensemble des institutions dérivant des principes qui régissent une société, et quand nous disons *la* civilisation, nous voulons parler de la meilleure de toutes, que nous croyons être la civilisation chrétienne. Ceci soit dit pour définir un mot que l'on voit employer dans des sens souvent fort divers.

sous ce rapport, nous ne craignons pas de le dire, de servir de modèle aux avocats des meilleures causes; mais, en revanche, quels revers de médailles désolants !

Toute cette activité, il la mettra au service de son bien-être, de ses rancunes, de son amour-propre qu'il veut satisfaire à tout prix, de sa réputation qu'il veut étendre en flattant les puissants du jour, auxquels il débite souvent les contes les plus incroyables, et dont il se sert à son profit, sans les aimer plus que cette *canaille*[1], dont il parle avec un si beau dédain, bien qu'on ait voulu le présenter, à ceux qu'il appelle ainsi, comme leur meilleur ami.

Telles sont certainement les impressions que l'on retirera, selon nous, des débats de Voltaire avec le président de Brosses, le P. Fessy, le curé de Moëns, et dans lesquels on le surprendra en flagrant délit de la plus insigne mauvaise foi.

L'affaire Calas, dont il parle incidemment, peut amener des réflexions encore plus sérieuses.

A l'époque où vivait ce féroce égoïste, qu'on nomme Voltaire, une nouvelle force paraissait dans le monde : c'était *l'opinion publique* dont on a pu dire avec vérité, qu'elle renverse ceux qui la combattent, entraîne ceux qui veulent lui obéir, et

---

1. Lettre XIX.

appuie ceux qui la devancent. Au dix-huitième
siècle, la société française, libre pour la première
fois, depuis sa naissance, de songer à autre chose
qu'à se défendre contre l'invasion étrangère ou les
troubles intérieurs, voulait rire après avoir pleuré
trop longtemps; mais, altérée de jouissances de
toute sortes, elle voulait aussi battre en brèche et
détruire tout ce qui était à ses yeux un frein, ou
lui rappelait une contrainte.

Parlement, clergé, noblesse, tout ce qui repré-
sentait une autorité quelconque, était un point
d'attaque indiqué. Voltaire, «dévoré du besoin de
faire parler de lui,» comme le disait un de ses
premiers directeurs, n'eut pas longtemps à regarder, pour s'apercevoir que cette lutte pouvait lui
ouvrir le chemin de la fortune qu'il ambitionnait.
D'ailleurs, il était trop de son siècle, pour ne pas
appuyer le mouvement par goût, du moment où les
meilleures armes à employer étaient celles qu'il pouvait manier le mieux, savoir le libertinage et le ridicule.

De ces magistrats qui le condamnaient, de ces
nobles qui le bâtonnaient, beaucoup des plus in-
fluents pensaient comme lui. C'est là, sans doute,
ce qui explique comment une série de mensonges
impudents comme ceux débités, par exemple, dans
l'affaire Calas, par Voltaire, étaient acceptés d'enthousiasme. Il n'était pas même besoin de raisonner
sérieusement la thèse. Un public de convertis,

applaudissait l'homme le plus capable de bien
rendre les idées du jour.

Au résumé, ces lettres nous ont paru renfermer
assez d'éléments pour être, à nos yeux, un portrait
dans lequel l'auteur dessine rapidement lui-même
les traits les plus saillants de sa physionomie, sauf
le côté licencieux (ce dont aucun de nos lecteurs
ne se plaindra, nous l'espérons).

Après cette lecture, on restera persuadé que si
l'on prend pour modèle la manière d'être du président Le Bault avec l'idole du dix-huitième siècle, on
aura choisi la véritable recette pour ne pas se laisser éblouir par l'activité, l'impétuosité charmante,
l'entrain et les séductions du style de Voltaire,
lorsqu'il habille avec un art que l'on voudrait souvent voir mis au service de la vérité, des mensonges révoltants et des sentiments d'un ignoble
égoïsme. C'est ainsi que M. Le Bault, froid exami-
nateur du violent pamphlétaire qu'il devrait être
ridicule d'appeler le *philosophe* de Ferney, ne se
donne même pas la peine de répondre, lorsqu'il lui
est proposé d'être arbitre dans l'affaire de Brosses.
Voltaire n'eut cependant jamais que des compliments à lui adresser, et bien que nous n'ayons aucune des lettres du président, on peut comprendre,
au ton de la correspondance, qu'il gardait une extrême réserve, tout en se montrant parfaitement

obligeant, poli, mais d'une justice inébranlable dans ses réponses à son redoutable solliciteur.

Partant de là, nous dirons aux indifférents, comme à ceux qui ont une répulsion ou un attrait instinctifs ou traditionnels pour Voltaire : étudiez-le dans l'abrégé de ses défauts et de ses qualités, que nous vous offrons. La leçon sera suffisante pour vous apprendre qu'il est impossible d'accepter *aucun fait avancé par lui*, sans un examen sérieux, en sorte que si l'attrait du style pouvait exciter le désir de faire plus ample connaissance avec Voltaire, la nécessité de relever presque à chaque ligne, quelquefois à chaque mot, un mensonge habilement déguisé par la forme, devrait toujours mettre en garde contre le fond, image d'un caractère méprisable et d'autant plus odieux, qu'il appartient à un homme plus formidable par son habileté ou son talent.

Nous nous sommes adressé d'abord, à ceux qui n'ont pas encore étudié de près Voltaire; les lecteurs impartiaux qui le connaissent, ne nous contrediront pas.

Haguenau, mai 1868.

NOTE

SUR

M. LE CONSEILLER LE BAULT

M. Le Bault (Antoine-Jean-Gabriel), reçu conseiller au parlement de Bourgogne, le **28** avril **1728**, fut nommé président à bonnet en **1771**. Il était de l'Académie de Dijon (la lettre **35** de Voltaire en fait mention) en **1767**. Ses relations avec Voltaire paraissent dater de **1755**, époque de l'installation du philosophe aux environs de Genève. C'est au docteur Tronchin, médecin de M. Le Bault comme de Voltaire, qu'il faut, ce semble, attribuer en partie l'établissement des relations qui existèrent entre ses deux clients. Voltaire aimait le bon vin de Bourgogne, non-seulement par régime, mais aussi, quoiqu'il puisse en dire, un peu par gourmandise, et le docteur avait pu lui indiquer M. Le Bault comme propriétaire du climat de Corton, l'un des premiers crus de la Bourgogne. Ceci expliquera pourquoi la plupart de nos lettres parlent de tonneaux et de bouteilles ; voilà aussi pourquoi Voltaire, malgré ses **100,000** fr. de rentes (quoi qu'en disent ses cris de misère), gardait pour lui le vin de M. Le Bault, ne faisant boire que « d'assez bon vin, » dit-il, à ses hôtes.

Néanmoins, comme le dit encore Voltaire dans ses
lettres, il mêle presque toujours « Bacchus avec Thémis. »
M. Le Bault avait la réputation d'être l'une des meilleures têtes du parlement de Bourgogne; quand Voltaire
ne l'aurait pas su d'avance, il avait dû promptement s'en
apercevoir, la correspondance une fois entamée. Essentiellement processif pour son compte et pour celui des
autres, il devait nécessairement utiliser semblable relation
pour essayer de recommander à Dijon les affaires qu'il y
envoyait. On le voit, en effet, consulter M. Le Bault dans
plusieurs cas; il le prie d'une manière spéciale de soigner
ses intérêts et ceux de ses protégés; enfin, il sollicite son
arbitrage entre le président de Brosses et lui, demandant
le même service, simultanément, au premier président de
La Marche et au procureur général Quarré de Quintin,
avec lesquels il était dans les meilleurs termes. Ces trois
magistrats ne purent accepter, obéissant ainsi aux habi-
tudes de leur compagnie, qui n'admettaient pas l'arbitrage d'un membre du parlement, sinon dans une affaire
de famille. En somme, les lettres de Voltaire à M. Le
Bault témoignent du cas exceptionnel fait par le philosophe, de son correspondant, et cela sous un triple point
de vue : comme membre influent et instruit du parlement
de Bourgogne, comme propriétaire d'excellent vin, et
surtout, comme personnage du meilleur conseil, par sa
haute distinction sous le rapport de la science et du caractère[1].

Quant à madame Le Bault, le charmant portrait que
trace d'elle Voltaire dans une de ses lettres, numéro 47,
a été complété par Greuze, auteur d'un pastel qui nous la
représente comme une des belles personnes de son
temps.

1. Lettre XVII.

Nous nous sommes attaché, dans cette publication, à conserver, autant que l'intelligence du texte pouvait le permettre, la ponctuation et l'orthographe de Voltaire. Une simple remarque permettra de constater combien peu l'*ermite de Ferney* attachait d'importance à cette partie de la grammaire. Il lui arrive dans la même lettre d'écrire le mot *tonneau* de deux manières différentes ; il en est de même pour les noms propres, celui de Le Bault, par exemple.

Au résumé, si quelques-unes de ces lettres n'ont qu'un médiocre intérêt par le fond, aucune ne manque d'attrait par la forme, et, de toutes façons, elles méritent qu'on les lise comme moyen d'arriver à la connaissance intime de Voltaire, qui restera toujours, comme le lui disait M. de Brosses, « un très-grand homme..... dans ses écrits. » En tout cas, ils lui ont donné une influence exceptionnelle sur les temps où nous vivons, et resteront en général des modèles excellents de style, sinon d'orthographe.

LETTRES

DE VOLTAIRE

A

M. LE CONSEILLER LE BAULT

I

A Monrion, près de Lausane, 16 décembre 1755 (1).

Monsieur,

Vos bontés augmentent le regret que j'aurai toujours de n'avoir pas pu assez profiter de votre séjour à Genève, et d'avoir été privé par ma mauvaise santé du plaisir de vous faire ma cour aussi bien qu'à madame Le Bault. Je crois que les cent bouteilles de vin de Bourgogne que vous voulez bien m'envoyer, valent mieux que la casse et la manne du docteur Tronchin.

J'avais prié, en effet, le Tronchin, qui n'est que conseiller d'État et point médecin, de m'accorder sa protection auprès de vous. Je vois, monsieur, qu'il a réussi : je vous en remercie de tout mon cœur. Je voudrais bien que votre bon vin me donnât assez de

---

1. Écrite par un secrétaire, la signature seulement de Voltaire.

force pour venir en Bourgogne; je l'avais déjà promis à M. le premier président[1] et à M. le président de Ruffey : vous y ajoutez un nouveau motif.

J'ai l'honneur d'être avec bien du respect, Monsieur, votre très-humble et très-obéissant serviteur,

VOLTAIRE.

II

Monsieur,

Permettez que je vous parle d'abord de boire. Car, s'il est vray que le maréchal de Daune ait déconfit le roy de Prusse, *Nunc est bibendum*[3] *nunc pede libero pulsanda tellus.*

Je crois bien que vous n'avez pas cette année le meilleur vin du monde. Mais si vous en avez de potable, et qui soit seulement du vin d'ordinaire a bon marché, je vous en demande trois tonneaux.

J'ay une autre grace a vous demander, Monsieur, je soumets a vos lumières, et je recommande a votre protection, le mémoire ci-joint[4]. Il est fondé sur la plus exacte vérité, et j'ay touttes les pièces justifica-

1. (Claude Philippe) Fyot de La Marche, premier Président du Parlement de Dijon, de 1745 à 1758. Il eut pour successeur son fils Jean Philippe, auquel il avait résigné sa charge, en 1758.

2 En entier de la main de Voltaire.

3. Et pour avoir une juste idée de la loyauté et de la sincérité du patriarche de Ferney, il suffit de lire la lettre Xe, où Voltaire nous annonce qu'il écrit au roi de Prusse, pour le consoler.

4. Le mémoire en question manque dans la collection, et les renseignements sur l'affaire dont il traite nous manquent absolument.

tives; un mot de vous a M. Drouin peut tout finir, et
je serai infiniment sensible a votre bonté. Je ne mets
point d'enveloppe pour épargner les frais inutiles.

Je n'en suis pas avec moins de respect, Monsieur,
votre très-humble et très-obéissant serviteur,

VOLTAIRE.

III

Aux Délices, route de Genève, 18 novembre 1768 (1).

Monsieur,

Quatre tonnaux de votre bon vin d'ordinaire sont
ce qu'il me faut. Je pense qu'on doit préférer une
chere honnete de tous les jours aux repas de parade.
Ainsi, Monsieur, puisque vous voulez bien que nous
buvions de votre vin, pourriez vous avoir la bonté de
m'en faire parvenir quatre tonnaux ou deux queues,
à 360 fr. la queue; les deux queues ou les quatre
tonnaux enfermez dans d'autres tonnaux, pour prévenir les Suisses qui voudraient en tâter sur le chemin.

Je n'ay appris que depuis peu que M. de Murard
conseille nos princes, je voudrais qu'il conseillât tous
les rois et leur fit faire la paix. Je vous remercie bien
tendrement, Monsieur, de la bonté que vous avez d'é-
crire en ma faveur a M. de Murard. Il n'est pas encore
certain que ce soit M. le comte de La Marche[2] qui reste
possesseur de Gex; mais si dans ses partages cette

---

1. En entier de la main de Voltaire.

2. Le comte de La Marche, fils du prince de Conti, engagiste du
pays de Gex.

terre luy demeure, il aura là un pays bien dépeuplé,
bien misérable, sans industrie, sans ressource. Mon
terrain est excellent, et cependant j'ay trouvé cent
arpens apartenants a mes habitans, qui restent sans
culture. Le fermier n'avait pas ensemencé la moitié de
ses terres. Il y a sept ans que le curé n'a fait de ma-
riages, et cependant on n'a point fait d'enfans, parce-
que nous n'avons que des Jésuites dans le voisinage,
c point de Cordeliers. Genève absorbe tout, engloutit
tout. On ne connait point l'argent de France, les malheureux ne comptent que par petits sous de Genève,
et n'en ont point. Voyla les déplorables suittes de la
révocation de l'édit de Nantes[1]. Mais une calamité bien
plus funeste, c'est la rapacité des fermes générales, et
la rage des employez. Des infortunez qui ont a peine
de quoy manger un peu de pain noir sont arrétez tous
les jours, dépouillez, emprisonnez, pour avoir mis sur
ce pain noir un peu de sel qu'ils ont acheté auprès de
leurs chaumières. La moitié des habitans périt de misère, et l'autre pourit dans des cachots. Le cœur est
déchiré, quand on est témoin de tant de malheurs. Je
n'achète la terre de Fernex que pour y faire un peu de

---

1. Voici, sans doute, un premier accès de déclamation chronique
de Voltaire. — Il est aujourd'hui démontré que les protestants et les
philosophes du dix-huitième siècle, leurs auxiliaires, que les historiens,
devenus leurs échos, ont exagéré, à dessein, les suites de cette
révocation. (Voir Gabourd, *Histoire de France*, sous l'année 1685.)
On sait que les calvinistes étaient exclus de certains corps de métier,
et que la plupart des industries avaient été apportées de l'étranger;
qu'enfin il faut évaluer à 60,000 au plus et non pas à 1,200,000,
comme on est parvenu à le faire croire à beaucoup de lecteurs, le
nombre des exilés volontaires, par suite de cette mesure. (Voir
Erreurs et Mensonges historiques, de Barthélemy.)

bien, j'ay déja la hardiesse d'y faire travailler quoy que je n'aye pas passé le contract. Ma compassion l'a emporté sur les formes; le prince, qui sera mon seigneur dominant, devrait plus tôt m'aider a tirer ses sujets de l'abime de la misère, que profiter du droit Got et Visigot des lots et ventes. Je suis persuadé, Monsieur, que votre humanité et votre generosité me preteront leurs secours, pour tâcher de changer en hommes utiles, des sujets qu'on a rendus des bêtes inutiles.

Je serai toutte ma vie, Monsieur, avec la plus respectueuse et la plus tendre reconnaissance, votre très-humble et très-obéissant serviteur,

VOLTAIRE.

I V

Aux Délices, 4 décembre 1758 (1).

Je vous remercie de vos bontez Monsieur et de vos quatre tonnaux à double futaille que nous boirons a votre santé dans nos hermitages. Je suis accommodé avec Monseigneur le comte de La Marche, et je vais tâcher de faire un peu de bien dans un pays où je ne vois que du mal². Je compte parmy les bonnes œuvres des plans de Bourgogne, ceux dont vous avez bien voulu me gratifier promettent baucoup. Pourriez-vous pousser la bienfaisance jusqu'à m'en faire avoir un millier? Mais je veux le payer, il ne faut pas être à charge a ceux qui ont la bonté de nous abreuver.

1. En entier de la main de Voltaire.

2. Les traditions encore vivantes dans le pays, concordant avec les doctrines renfermées dans ces lettres, sont là pour expliquer dans quel sens Voltaire se proposait de faire un peu de bien.

Je suis avec la plus respectueuse reconnaissance, monsieur, votre très-humble et très-obéissant serviteur,

VOLTAIRE.

V

Aux Délices, 29 décembre 1758 (1).

Je vous remercie très-humblement, monsieur, de vos vins et de vos plans. Voyla un bel exemple que vous donnez à M. le président de Brosses. Il me doit quatre mille ceps pour que je luy fasse boire, après ma mort, du vin de Bourgogne du cru de Tourney : il m'a vendu cette terre a vie, et j'y ay mis pour première condition qu'il me ferait bourguignon, et que je luy planterais quatre mille bois tortus, du meilleur. Si vous le voyez monsieur ayez la charité en digne compatriote de le gronder de n'avoir pas regardé cette promesse de vigne comme son premier devoir.

Le temps est beau et la terre est preste. Ne doutez pas monsieur que je n'aye d'abord écrit à l'ami Tronchin, et quand je ne l'aurais pas fait, il n'en obéirait pas moins ponctuellement à vos ordres. Vous êtes trop bon monsieur d'avoir demandé tant de graces pour moy; je suis penetré de reconnaissance; je me flatte que monseigneur le comte de La Marche me daignera donner quelque délay, car je n'ay trouvé dans la terre de Fernez que du délabrement et des procez.

Permettez-moy monsieur de vous importuner icy

1. En entier de la main de Voltaire.

d'un procez auquel je dois prendre part. Il a été jugé
a la chambre des enquêtes entre un curé de Moën [1],
notre voisin, le plus grand, le plus dur, le plus infati-
gable chicaneur de la province, homme riche, homme
doublement et triplement en état de faire du mal,
comme étant pretre, riche et processif, entre ce curé
di je d'une part, et les *pauvres* de Ferney de l'autre,
pauvres de nom, pauvres d'effet et pauvres d'esprit ;
aussi le traitre ne leur laisse que le royaume des cieux.
Il s'agissait d'une dixme de novailles, ou novales d'une
bruiere défrichée par leurs mains, il y a cent soixante
ans ; cela produit dix écus de rente. Il leur a fait pour
1500 francs de frais, et il exige en curé d'enfer, en
pretre de belzébuth, ces 1500 francs, de malheureux
qui n'ont rien, et qui n'ont pu ensemencer leur terre
cette année. Quoy, monsieur, des pauvres qui ont du
plaider *in forma pauperum* seront ils mis en prison
comme il les en menace, pour ne pouvoir donner a
cet homme avide le reste de leur sang ? Ne peuvent ils
présenter une requete au parlement pour obtenir des
délais ? N'en donnez vous pas tous les jours a des dé-
biteurs. Au nom de l'humanité, monsieur, mandez
moy, je vous en conjure, si la chose est possible, et
daignez protéger des pauvres prêts a deserter un pays
abandonné.

Recevez la tendre reconnaissance et le respect de
votre très humble et tres obeissant serviteur,

                                        VOLTAIRE.

---

1. Il s'agit encore du curé Anclan, que Voltaire n'avait pu parvenir à faire condamner à propos des coups de bâton donnés à
Decroze. (Voir lettre XI et suivantes.)

VI

Aux Délices, près de Genève, 4 juin 1759 (1).

Monsieur,

Pardonnez à mon importunité; il ne s'agit que d'une vache, c'est le procès de M. Chicaneau, mais vous verrez par la lettre cy jointe d'un procureur de Gex qu'une vache dans ce pays cy suffit pour ruiner un homme; c'est en partie ce qui contribûe à dépeupler le pays de Gex déjà assez malheureux; les procureurs succent icy les habitans, et les envoyent ensuitte écorcher aux procureurs de Dijon. Un nommé Chouet, cy devant fermier de la terre de Tournay, veut absolument ruiner un pauvre homme nommé Sonnet, et le dit Chouet étant fils d'un sindic de Genève, croît être en droit de ruiner les français; il a surpris la vache de Sonnet mangeant un peu d'herbe dans un champ en friche, lequel champ je certifie n'avoir été labouré ni semé depuis plusieurs années. Un grand procès s'en est ensuivi à Gex l'affaire a été ensuitte portée au parlement, il y a déjà plus de frais que la vache ne vaut [2]. Je suis si touché d'une telle vexation que je ne peux m'empêcher d'implorer vos bontés pour un français qu'on ruine bien mal à propos. Voudriez vous, monsieur, avoir la charité d'envoyer chercher le pro-

---

1. En entier de la main de Voltaire.

2. Il n'est pas hors de propos de remarquer ici que Voltaire n'est pas uniquement enflammé d'une sainte colère. Il en voulait à Chouet, fermier de M. de Brosses, à propos de démêlés fameux qu'il avait avec celui-ci.

cureur L'archer. Ce pauvre homme à trois témoins qui
peuvent déposer que la vache saisie n'avait commis
aucun dégat; on n'a point voulû les écouter, et tout se
borne à demander beaucoup d'argent ; je crois remplir
mon devoir en demandant instamment vôtre protection pour ceux qu'on opprime.

J'ai l'honneur d'être avec les sentiments les plus
respectueux, monsieur, votre très-humble et très-
obéissant serviteur,

VOLTAIRE.

VII

Aux Délices, 4 juin (1).

Je suppose, Monsieur, que M. Tronchin vous a payé
votre bon vin, dont je vous remercie, et que je bois a
votre santé. Je vous supplie de vouloir bien m'en envoier autant touttes les années, tant qu'il plaira a la
nature de me permettre de boire.

J'ay la fantaisie de cultiver dans mon terrain heré-
tique quelques ceps catholiques, seroit ce prendre trop
de liberté que de m'adresser a vous pour avoir deux
cent pieds des meilleures vignes? Ce n'est qu'un très-
petit essai que je veux faire. Je sens combien ma vilaine
terre est indigne d'un tel plan. Mais c'est un amusement dont je vous aurais l'obligation.

Je my prends a l'avance pour obtenir cette faveur.
Aussi le principal objet de ma lettre est de vous remercier du fruit de la vigne que je vous dois, plustôt que

1. En entier de la main de Voltaire.

de vous demander des vignes. Je vous prie de prendre
très sérieusement mes remerciments, et de ne vous
moquer que le moins que vous pourez de ma proposition.

Jay lhonneur détre avec tous les sentiments que je
vous dois, Monsieur, votre tres humble et tres obeissant serviteur,

VOLTAIRE.

VIII

Aux Délices, près de Genève, 3 juillet (1).

Je vous demandais, Monsieur, avec humilité deux
cent seps de vigne, sentant parfaitement combien ma
terre mauditte, mon vigneron et moy, nous sommes
indignes d'une telle faveur. Vous daignez men faire
parvenir davantage.

Dii melius fecere, bene est; nihil amplius opto.

Je ne pretends pas faire cent bouteilles de vin d'un
bourguignon allobroge. Je ne veux que plaisanter
avec mon terrain calviniste. Le territoire payen des
Hottentots est un peu plus beni de Dieu. C'est la que
les vignes de Bourgogne se perfectionent; mais nous
ne sommes pas, dans notre allobrogie, au trente qua-
trième degré de latitude, comme le cap de Bonne
Espérance. Puisque vous avez, Monsieur, la condes-
cendance de vous preter a mes fantaisies, j'attendrai
vos bienfaits, mais vous voudrez bien que je vous
supplie de permettre que je paye les ceps et la peine

1. En entier de la main de Voltaire.

de ceux qui les auront déplantez. Il est bien doux de
soccuper de ces amusements, tandis qu'on ségorge
sur terre et sur mer, que l'Allemagne s'epuise de sang,
et la France d'argent.

Je presente mes respects a madame Le Beau, et jay
l'honneur détre avec les memes sentiments, Monsieur,
votre tres humble et tres obeissant serviteur,

VOLTAIRE.

IX

Plus je vieillis, Monsieur, et plus je sens le prix de
vos bontez. Votre bon vin me devient bien necessaire.
Je donne d'assez bon vin de Baujolois a mes convives
de Geneve, mais je bois en cachette le vin de Bour-
gogne². Je passe mon hiver a Lausane, ou j'userai du
meme régime. Je voudrais bien séparer en deux vos
bienfaits, moitié pour Lausane et moitié pour Geneve.
Ne pouriez vous pas a vôtre loisir m'envoyer, ou deux
petites pièces a mon commissionnaire de Nyon, ou
des paniers de bouteilles. Comme je ne suis pas absolument pressé, vous aurez tout le temps de vous déter-
miner. Mon commissionnaire de Nyon sappelle madame Scanavin, ce qui originairement voulait dire sac
a vin. Quant a mon experience de phisique, d'avoir de

---

1. En entier de la main de Voltaire.

2. *Note qui parait être de la main de M. Le Bault.* — Il y aurait
bien à corriger dans cette lettre, mais j'aime assez qu'il boive en
cachette d'autre vin que ses convives ; cela est d'un vilain. Les
Génevois n'en seroient guère contents s'ils le sçavoient.

belles vignes dans mon vilain terrain, je fais arracher
actuellement mais ceps heretiques pour recevoir vos
catholiques. Vous savez que ce n'est qu'un essai et un
amusement. Je vous remercie, Monsieur, de daigner
vous y preter. Tout ce que je souhaitte, c'est que vous
veniez quelque jour boire du vin que vous aurez fait
naitre dans ma petite retraite.

Ma niece et moy nous presentons nos respects a
madame Le Beau, et jay lhonneur detre avec les memes
sentiments, Monsieur, votre tres humble et tres obeissant serviteur,

VOLTAIRE.

X

A Lausane, 3 janvier (1).

Vos bouteilles, Monsieur, sont arrivées, je n'ay
d'autre chagrin que de ne les pas boire avec vous. J'en
ais deux paniers a Lausane, et les deux autres sont, je
crois, a Genève. M. Cathala ou M. Tronchin vous feront
toucher ce que je vous dois, mais ils ne pourront vous
témoigner ma reconaissance.

On dit Breslau[2] repris par le Roi de Prusse; il y a
trois mois qu'il m'écrivait qu'il voulait mourir; et que
je le consolois. A present il renverse tout devant lui.
Mais il ne boit pas de si bon vin de Bourgogne que
moy. Madame Denis et moy nous vous souhaitens

1. En entier de la main de Voltaire.
2. Breslau, pris par les Autrichiens en 1757, fut repris par Fré-
déric II en 1760. Ceci permet de fixer la date de cette lettre au mois
de janvier 1761.

bonne année et bonne vinée, a vous, monsieur, et a
madame Le Beau.

Recevez la respectueuse reconnaissance du Suisse,

VOLTAIRE.

XI

Au château de Ferney, près de Gex, 29 janvier 1761 (1).

Monsieur,

M. de Ruffey a pris le département d'Apollon, et
vous de Bacchus avec moi; je ne m'étais adressé à
M. de Ruffey pour substituer des tonneaux de vin à
l'Hipocrène, que parce que vous paraissiez m'aban-
donner tout à fait. Si Tancrède et Pierre vous ont
amusé, Monsieur, reprenez-donc vos nobles fonctions,
je me livre à vous pour toute ma vie; je fais de meilleur vin dans la terre de Tournay que M. le président
de Brosse ne l'imagine; mais il ne vaut pas le vôtre.
Daignez donc, Monsieur, m'envoyer tous les ans deux
tonneaux, l'un de vin d'ordinaire, l'autre de Nectar,
qui me fasse longtemps jouir de la terre de Tournay;
sans trop déplaire au président, je les aimerais assez
en doubles futailles, le vin se conserve sur sa lie et
s'abonnit.

Le curé de Moëns aurait dû mettre un peu plus
d'eau dans son vin; je ne sais qu'elle prérogative les
pasteurs du pays de Gex croient avoir de donner des
coups de bâtons à leurs ouailles. J'interrogeai hier un
paysan qui avait reçu il y a quelques années cent coups

1. Dictée à un secrétaire, signée seulement par Voltaire, sauf
l'intercalation signalée plus loin.

de bâton du même curé à la porte de l'église; il me
dit que c'était l'usage. J'avoue, Monsieur, que chaque
pays a ses cérémonies. Mais railleries à part, la nouvelle aventure de ce prêtre est très-grave et très-punis-
sable; c'est un assassinat prémédité dans toutes les
formes. J'ai vu le fils de Decroze à la mort pendant
quinze jours. Le curé lui-même alla à une demi-lieue
de chez lui, à dix heures du soir, armer les assassins.
C'est un homme qui fait trembler tout le pays, il est
malheureusement l'intime ami du substitut de M. le
procureur général, et c'est probablement à cette tendre
amitié qu'il doit l'indulgence dont il abuse; il n'a été
qu'assigné pour être ouï, tandis que ses complices ont
été décrétés de prise de corps. Il remue tout le clergé,
il court à Annecy remontrer à l'évêque que tout est
perdu dans l'Église de Dieu, si les curés ne sont pas
maintenus dans le droit de donner des coups de bâton
à qui il leur plaît.

Mais voici quelque chose d'un peu plus grave et
de plus ecclésiastique. Une sœur du sieur Decroze,
assassiné par le curé de Moëns, voyant son frère en
danger de mort, s'est avisée de faire une neuvaine, et
c'est à cela sans doute qu'on doit la guérison de ce
pauvre garçon (qu'il faudra pourtant faire trépaner
peut-être dans quelque temps); une neuvaine ne vaut
rien si on ne se confesse et si on ne communie. Elle se
confessa donc, mais à qui? à un jésuite nommé Jean
Fessi, ami du curé de Moëns. Jean Fessi lui dit qu'elle
était damnée si elle n'abandonnait pas la cause de son
frère, et si elle ne forçait pas son père à se désister de
toute poursuite contre le curé, et à trahir le sang de

son fils. Il luy refusa l'absolution[1]. La pauvre fille,
effrayée, et tout en larmes, vint apprendre cette nouvelle à son père; elle fit serment devant moi que rien
n'était plus véritable. Jugez quel effet cette scène fait
dans Genève et dans toute la Suisse.

Je vous supplie de vouloir bien me mander, Monsieur, si le père n'est pas en droit de faire jurer sa fille
en justice, et si le jésuite Jean Fessi ne doit pas subir
interrogatoire; il me semble qu'on en usa ainsi dans
l'affaire du bienheureux Girard et de La Cadière; celle-
ci est plus affreuse, parce que l'assassinat y est joint
au sacrilége. Ce qu'on appelle la justice de Gex, mériterait bien que la véritable justice de bourgogne dai-
gnât la diriger. Et, en vérité, on aurait besoin que
quelques conseillers du parlement vinssent mettre un
frein au brigandage qui règne dans cette malheureuse
petite province.

J'ai l'honneur d'être avec tout le respect possible,
Monsieur, votre très-humble et très-obéissant serviteur,

VOLTAIRE.

XII

Aux Délices, 16 février 1761.

Vous me permettrez, Monsieur, de vous importuner
sur la malheureuse affaire du sieur Decroze[2]. Il joint

---

1. Ces mots : *Il luy refusa l'absolution!* sont ajoutés de la main
de Voltaire, entre deux lignes.

2. Pareille lettre, dans la publication de M. Foisset sur Voltaire
et le président de Brosses, est adressée à M. de Ruffey. (*Correspondance de Voltaire et du Président de Brosses*, Foisset, p. 342.) Aussi

à la douleur d'avoir vu son fils prêt de mourir par un assassinat, celle de voir l'assassin triompher de son affliction ; il est soutenu par une cabale puissante contre un pauvre homme sans secours, qui n'a ni assez d'intelligence, ni peut-être assez de fortune pour le suivre dans les détours de la chicane la plus odieuse et la plus longue. Ce curé assez connu à Dijon par une foule de procès qu'il y est venu soutenir, attend que les cicatrices des plaies faites au jeune Decroze puissent être fermées, afin qu'il paraisse que les blessures n'ont été que légères, et que l'assassinat passe pour une simple querelle. Mais je peux vous assurer que le temps, qui est le seul refuge du curé, laissera toujours paraître les preuves de son attentat. Le crâne a été ouvert, et le lieutenant criminel lui-même a vu le malade en danger de mort : je l'ai vu moi-même en cet état[1]. J'apprends que le curé a appelé du décret d'ajournement personnel et de prise de corps rendu à Gex. Il fonde ses malheureuses défenses sur une méprise qu'on dit être dans les dépositions. On a déposé en effet, que ledit curé avait été boire chez madame Burdet, le 27, veille de l'assassinat, et il se trouve que ce n'est que le 26 ; mais cette erreur de date n'emporte point une erreur de fait, et cette petite méprise est aisément corrigée au recollement et aux confrontations.

Il se fonde encore sur la mauvaise réputation de la dame Burdet, chez laquelle l'assassinat s'est commis,

cette pièce est-elle en entier de la main d'un secrétaire, mais signée, puis datée par Voltaire lui-même, qui l'a certainement relue.

1. On verra par la suite que tout semble indiquer ici un mensonge perfide de Voltaire.

et qu'il a frapé lui-même. Mais si la dame Burdet est une femme diffamée, pourquoi allait-il boire chez elle? Pourquoi part-il d'une demi-lieue de sa maison pour aller à dix heures du soir chez cette femme avec des gens armés? il a l'audace de dire que c'était pour arrêter le scandale, mais est-ce à lui d'exercer la police? L'exerce-t-on à coups de bâton? Lui est-il permis d'entrer par force pendant la nuit chez une ancienne bourgeoise du lieu, très-bien alliée, qui soupait paisiblement avec ses amis? Les violences précédentes de ce curé, le procès qui lui fut intenté par le notaire Vaillet, pour avoir donné des coups de bâton à son fils, ses querelles continuelles, son ivrognerie, qui est publique, ne sont-elles pas des présomptions frapantes qu'il n'était venu chez la dame Burdet que dans le dessein qu'il a exécuté. — Une irruption faite pendant la nuit avec des hommes armés dans une maison paisible peut-elle être regardée comme une rixe ordinaire? Un laïc, en pareil cas, ne serait-il pas dès longtemps dans les fers?

Cependant ce prêtre aussi artificieux que violent soulève le clergé en sa faveur. L'évêque de Genève[1] soutient que c'est à lui seul de le juger, qu'il n'est pas permis aux juges séculiers de connaître des délits d'un prêtre, et qu'il n'est coupable que d'un zèle un peu inconsidéré : on intimide le pauvre Decroze; on emploie le profane et le sacré pour lui fermer la bouche, et enfin le jésuite Fessi a porté l'abus de son ministère jusqu'à refuser l'absolution à la sœur de l'assassiné,

---

1. Monseigneur Biord, dont la mémoire est en vénération dans toute la Savoie.

jusqu'à ce qu'elle portât son père et son frère à se désister de leurs justes poursuites. Ce malheureux curé
du village de Moëns, s'imaginant très-faussement que
c'était moi seul qui encourageait un père malheureux
à demander vengeance du sang de son fils[1], a porté les
habitants de son village à me couper la communica-
tion des eaux, et m'a fait proposer de me donner
le double des eaux qu'on voulait m'ôter, si je pouvais
obtenir de Decroze un désistement. L'évêque m'a
chanté en propres termes, que, pour quelques gouttes
de sang, il ne falait pas faire tant de vacarme. Voilà
l'état où sont les choses, et sans la justice du parlement de Bourgogne, tout le pauvre petit païs de Gex
serait dans le plus déplorable bouleversement.

J'ai l'honneur d'être, avec beaucoup de respect,
Monsieur, votre très-humble et très-obéissant serviteur,

VOLTAIRE.

NOTE SUR L'AFFAIRE DECROZE.

L'affaire Decroze, qui semble donner tant d'inquiétude
à Voltaire, paraît se résumer à ceci.

Une femme Burdet, cabaretière mal famée dans les environs de Moëns, avait des relations avec Decroze le jeune.
Le curé de Moëns, dans un accès de zèle qui semble

1. On verra plus loin, par la défense du P. Fessi, comment les
soupçons du curé se justifiaient.

avoir été regrettable par son exagération, réunit quelques
habitants de la paroisse, scandalisés comme lui des mauvais exemples que donnait leur jeune compatriote et tous
se transportèrent armés de bâtons chez la femme Burdet,
un soir que Decroze s'y trouvait.

Il y eut, paraît-il, d'abord discussion au nom de la
morale, de la part du curé, au nom de la liberté individuelle
de la part de Decroze, des mots on en vint aux coups et
Decroze reçut sur la tête, un coup de bâton assez grave.

Voltaire n'aimait pas les prêtres en général, et le curé
de Moëns en particulier, pour diverses raisons indiquées
par la correspondance du P. Fessy ; en revanche, il aimait à faire parler de lui et à se poser en arbitre de
toutes les questions qui pouvaient s'agiter dans le pays
de Gex. Ces raisons étaient certes bien suffisantes, en
dehors de toute espèce de torts du curé Ancian, pour provoquer contre lui : 1° la lettre que nous publions et qui
n'est qu'une circulaire adressée à divers magistrats du
parlement de Dijon ; 2° un libelle attaquant le P. Fessy,
rédigé sous le nom de Decroze, par Voltaire, qui tâcha de
tirer parti de l'aventure contre ses ennemis les Jésuites ;
3° Un prêt d'argent à Decroze pour pousser, *même malgré
lui*, l'affaire contre le curé, etc., etc. Toujours est-il que
cette grande histoire n'eut pas de suite malgré l'intérêt
porté à Decroze le père par le président de Brosses qui le
connaissait particulièrement. Il faut voir la réponse très-
intéressante et pleine de sagesse de celui-ci à la circulaire de Voltaire dans l'ouvrage de M. Th. Foisset, *Correspondance de Voltaire et du président de Brosses*,
lettre XLI, 11 février 1761.

Au surplus, on verra par la lettre suivante conservée,
avec celles de Voltaire, par M. Le Bault, comment l'une
des parties adverses, représentée par le P. Joseph Fessy
(et non Jean Fessy), envisage l'affaire. C'est à ce titre que
nous reproduisons *in extenso* la pièce qu'on va lire.

APPENDICE A LA LETTRE XII

LETTRE DU P. FESSY, JÉSUITE, SUR M. DE VOLTAIRE

A M. LE BAULT.

Genève, 25 février 1761.

Monsieur,

Vous avez vu sans doute un mémoire imprimé, qu'on m'assure être très-répandu à Dijon ; il est daté du 30 janvier 1761, et signé Ambroise Decroze père et Joseph Decroze fils, Vachat procureur, de présent à Dijon. Il est fait à l'occasion du procès criminel intenté au sieur Ancian, curé de Moëns, village du pays de Gex, que Decroze accuse d'avoir assassiné son fils, le 28 décembre 1760, chez la veuve Burdet, à Magny, hameau de la paroisse de Moëns.

Je me flatte, Monsieur, sur ce que j'ai éprouvé de vos bontés pour moy, lors de l'enregistrement de lettres patentes que je poursuivois à Dijon, en 1758, et que je n'aurois pas obtenu sans vous, je me flatte que vous avez été aussi indigné que fâché de me voir figurer pour ma part dans cet odieux libelle. Je ne doute pas que vos lumières n'ayent aisément percé le tissu d'horreurs dans lequel on s'efforce de m'y envelopper.

On a dans ce pays-cy les preuves les plus convaincantes que l'autheur du mémoire est M. de Voltaire, et il ne s'en cache pas. Je laisse d'abord à part ce qui regarde le curé de Moëns dans ce mémoire, le procès criminel se poursuit, et on prononcera bientôt ; mais souffrez que je vous dérobe quelques moments pour vous exposer ce qui me concerne.

Cet exposé, la réputation que vous avez si bien méritée et le crédit que vous avez dans votre illustre compagnie et dans tout Dijon, sont ce que je connois de plus propre à dissiper les noires impressions que le mémoire pourroit y avoir fait naître sur ma conduite. D'autant plus que le procès du curé de Moëns, quel que puisse être le jugement du Bailliage de Gex, ne manquera pas d'être porté à Dijon, et qu'il y sera sans doute fait quelque mention du mémoire qui parle de moy.

Ce n'est pas que je ne sache bien que malgré la violence et les déclamations de l'autheur, par lesquelles il veut apparemment s'acquitter d'une partie de ce qu'il doit au P. Berthier, l'autheur du *Journal de Trevoux*, ma défense, chez tous les gens raisonnables et tant soit peu instruits de notre religion, ne soit très-aisée, très-courte et très-simple. La voici : la fille de Decroze s'est présentée à moy au confessionnal, je l'ay écoutée, je lui ay dit ce qu'exigeoit mon ministère, je ne sais rien de plus et n'ay plus rien à dire.

Mais outre cette défense générale et de droit, je vous dois à vous, Monsieur, un détail plus circonstancié de ce qui a précédé et accompagné le fait, afin que vous puissiez connoître et embrasser ma cause dans toute son étendue, me plaindre, me défendre, m'honorer de vos conseils.

Indépendamment des motifs anciens et généraux de la haine qu'a pour les Jésuites M. de Voltaire, et des preuves toutes récentes qu'il vient d'en donner à notre maison d'Ornex, au sujet du bien Balthazard[1], l'affaire qu'il poursuit actuellement à toute outrance contre le curé de Moëns, qu'il sait que nous ne condamnons pas comme luy, a ranimé sa fureur contre nous : il a cher-

1. Voir la note, p. 50.

ché tous les moyens de réunir quelques victimes de sa haine, pour les frapper du même coup, ou les uns par les autres.

On m'avoit déjà tendu un piège le lendemain de la fête des Roys; on m'attendit ce jour-là sur le grand chemin, à Sacconnex, village ou Decroze, maître horloger, demeure; on vouloit me prier de passer chez luy à mon retour de Genève, dans le temps qu'on disoit Decroze fils mourant, afin de me faire ensuite assigner en justice pour rendre témoignage de l'état prétendu désespéré dans lequel le jeune homme auroit feint de se trouver. Ce projet ne réussit pas parce que je fus obligé de rester à Genève ce jour-là et plusieurs jours de suite, et qu'avant que je pûsse repasser par Sacconnex, le prétendu assassiné se portoit à merveille. Il fallut donc se retourner autrement, et comme on ne vouloit pas me manquer, voicy, comment on s'y prit.

Vous avez pu voir, Monsieur, par le mémoire même du 30 janvier, qu'il y avoit eu précédemment une première pièce imprimée, en forme de plainte, sur le prétendu assassinat, pièce composée également par M. de Voltaire, signée par Decroze le père, et dattée du 3 janvier. Dans cette plainte, dont on m'assure qu'il y a à Dijon quantité d'exemplaires, l'autheur se déchaîne avec fureur contre le curé de Moëns et y répand à pleine main la calomnie. Les Genevois eux-mêmes en ont été aussi indignéz que les catholiques, et personne n'a craint de dire tout haut ce qu'il en pensoit.

Je vais tous les samedis au soir d'Ornex à Genève pour y aider à desservir le dimanche la chapelle du Roy. En y allant je passe par Sacconnex où je confesse les sœurs grises qui y ont un établissement. La fille aînée de Decroze, qui selon le bruit public gouverne tout dans la maison de son père, et a tout crédit sur son esprit, cette fille qui, de sa vie, ne s'étoit venue confesser à moy, y vint pour la première fois le samedy 24 janvier; je l'écoutay, je continuay ensuite ma route. et me rendis à Genève à nuit tombante.

Vous allez juger si c'est à tort que je présume que la démarche de cette fille était un piège qu'on m'avoit tendu. Dès le lendemain dimanche 25 janvier, sur le récit que la fille fit à son père, comme il luy plut, de ce qui s'etoit passé entre elle et moy au confessionnal. et sur la nouvelle qu'en donna, le dimanche matin, Decroze à M. de Voltaire, celui-ci, au comble de sa joye, se hâte de faire faire des copies du billet de Decroze, ou plus probablement en fabrique lui-même un, au nom de Decroze, dans lequel il dépeint tragiquement la douleur du père, qui se plaint à luy, son unique protecteur, dans l'amertume de son cœur, d'un nouveau trait arrivé la veille, en faveur de l'assassin de son fils, par le refus. disoit-il entre autres choses, que le P. Fessy, jésuite d'Ornex, avoit fait de l'absolution à sa fille, jusqu'à ce qu'elle eut engagé son père à rétracter la plainte qu'il avoit fait imprimer contre le curé de Moëns.

M. de Voltaire fait faire par son secrétaire et par d'autres personnes qui se trouvoient chez luy une foule de copies de ce billet, il en distribue à huit ou dix personnes qui dinoient chez luy, et à quatre heures après midy il y en avoit dans toutes les meilleures maisons de Genève et qui avoient été portées par ses gens.

Il avoit mal pris son champ de bataille; les Genevois haussèrent les épaules sur une pareille extravagance, ils opinèrent aux petites-maisons pour le protecteur et pour le protégé; ils savent que sur ce qui regarde soit directement soit indirectement la confession, un prêtre ne peut qu'être muet.

J'avois crains d'abord ce qu'il étoit naturel que j'ap-

préhendasse, que ces billets ne fussent dans Genève, une
occasion de décrier nos sacrements; la façon de penser
des Genevois me rassura, et mon indignation se tourna
en mépris pour un adversaire qui, pour avoir voulu
tirer trop fort contre moy, avoit manqué son but. Je
m'attendois bien que le fiel dont cet homme se nourrit,
fermenteroit plus violemment encore après avoir été
inutilement répandu dans ces billets; mais j'avoue que
son nouveau mémoire du 30 janvier a surpassé mon at-
tente. Je ne le connois que depuis huit ou dix jours; la
discrétion et l'amitié s'étoient jointes à la vie retirée
que je mène, pour me le laisser ignorer. J'ay été véritablement ému à la lecture que j'en ay faite, moins cependant par la noirceur des traits sous lesquels on m'y représente, que par la licence aussi artificieuse qu'effrénée
avec laquelle on ose y faire servir ce qu'il y a de plus
auguste et de plus saint dans une religion qu'on dé-
chire partout ailleurs, à couvrir les imputations les
plus calomnieuses et les plus atroces.

Je ne m'arrête pas à vous faire remarquer le tour
digne du plus bas farceur, par lequel il substitue à mon
nom de baptême, qui est *Joseph*, le nom de *Jean*, pour
faire avec celui de Fessy un composé dans le goût su-
blime du théâtre de la foire, ou des gentillesses de la
Pucelle.

Mais doit-on laisser impunie l'audace et la témérité
d'un homme qui compose, qui fait imprimer sous le
nom d'un autre, qui répand dans tout le royaume des
libelles aussi diffamans que la plainte du 3 et le nouveau mémoire, du 30 janvier? Je dis, imprimer sous le
nom d'un autre, parce que j'ay plus que des présomptions, surtout pour le mémoire du 30, qu'il étoit déjà
imprimé, et publié à Dijon avant que M. de Voltaire
eût arraché la signature de Decroze père et fils.

Je tiens d'une personne très-digne de foy, que quelqu'un, qui est fort lié avec Decroze père, a assuré à cette personne, que dix ou douze jours au moins avant la datte de ce mémoire, Decroze, qu'il voyoit souvent, luy avoit paru dans la plus vive inquiétude, et que, luy en ayant demandé le sujet, Decroze luy avoit répondu qu'il étoit excédé des visites et des persécutions qu'il avoit continuellement à essuyer de la part de M. de Voltaire, qui vouloit absolument le contraindre à signer un mémoire extrêmement violent et dont il craignait fort que la signature ne le perdit.

Une autre personne, très-digne de foy aussi, vient de m'assurer qu'elle tient de Decroze fils, que ce n'a été qu'à son corps défendant qu'il a signé ce même mémoire chez M. de Voltaire, lequel, ennuyé du refus constant qu'il faisoit de le signer, le prit au collet, le fit asseoir de force, luy mit la plume à la main, et luy tenant sous le nez le mémoire manuscrit, le contraignit à y mettre son nom.

Voilà, Monsieur, les indignes manœuvres par lesquelles cet homme plein de fiel et de venin, exhale dans tout le pays et dans toute la France ses fureurs contre quiconque luy déplaît, par lesquelles il se fait redouter de ceux même qui devoient peut-être l'accabler et le punir. Le grand crime du curé de Moëns luy-même, n'est pas le prétendu assassinat de Decroze fils, quoique dans cette affaire le curé ait commis par zèle une très-grande imprudence. Son crime est de n'avoir pas plié devant M. de Voltaire, dans un procès extrêmement juste qu'avoit ce curé avec les habitants de Fernex pour les pauvres de sa paroisse et qu'il a gagné avec dépens au parlement de Dijon ; c'est surtout d'avoir représenté avec force à M. de Voltaire, qui s'étoit emparé d'un chemin nécessaire aux habitants du pays, sans en avoir fourni un autre, le préjudice qu'il portoit aux paroisses voi-

sines, et qu'il n'avoit pas droit de leur porter. M. de
Voltaire a été obligé de rendre le chemin, et ne s'est
pas caché qu'il fera pendre le curé s'il peut, dût-il (c'est
ce qu'il a ajouté), faute d'argent comptant, retirer les
quatorze à quinze mille livres qu'il a consignées à Gex
pour oter aux Jésuites d'Ornex le bien Balthazard.

Croiriez-vous, Monsieur, que cet homme vraiment
rare dans son espèce a eu l'extravagance de s'afficher
plus singulièrement encore. On a, ces jours derniers,
recollé et confronté à Gex les témoins dans l'affaire du
curé : La veuve Burdet témoin principal contre luy, et
dont la mauvaise vie est publique, s'y rendit comme les
autres, mais comment pensez-vous qu'elle y vint? dans
un carrosse à quatre chevaux de M. de Voltaire; elle y
monta à Fernex, chez luy, se rendit à Gex, et de Gex elle
revint triomphamment à Fernex, c'est-à-dire l'espace
de trois grandes lieues. Jugez de l'effet qu'a dû produire
à Gex et dans tout le pays cette scène singulière.

Je ne vous cacheray pas que pour arrêter, s'il est possible, les fureurs de cet homme, et nous plaindre de ce
qu'il ne cesse de faire contre nous, nous nous sommes
adressez au Ministre, et luy avons envoyé un exemplaire
du mémoire du 30 janvier. Nous espérons qu'on aura
quelque égard à la justice de nos plaintes. L'on assure
icy que M. de Voltaire se dispose à partir au plutôt pour
Dijon, pour poursuivre l'affaire qu'il a suscitée à M. Dauphin de Chapeaurouge, au sujet du domaine Balthazard
à Ornex, que nous n'avons pas pû acquérir encore, qui
avoit été cédé en *anticrèse* par les autheurs de MM. de
Prez de Crassy, et dans lequel M. de Voltaire veut bien
moins faire rentrer ces messieurs qu'empêcher les Jésuites de l'avoir. Que j'aurois d'anecdotes à vous racon-
ter là dessus; mais il y a trop longtemps que j'abuse de
votre patience, je les réserve pour une autre fois au cas

que ma prolixité d'aujourd'huy ne vous ait pas tout à
fait rebuté.

Me permettez-vous, Monsieur, d'assurer madame Lebault de mon respect et de ma reconnaissance et de la
prier de vouloir bien vous aider à rabattre les coups que
ce vilain mémoire peut m'avoir porté dans votre ville, à
moy et aux Jésuites en général. Un chevalier et une
chevalière comme elle et vous, Monsieur, sont très-ca-
pables de faire valoir une cause plus désespérée que la
nôtre.

J'ay l'honneur d'être avec autant de reconnaissance
que de respet, Monsieur, votre très-humble et très-
obéissant serviteur,

FESSY, jésuite.

XIII

Au château de Ferney, 9 mars 1761 (1).

Monsieur,

Je vous prie d'avoir la bonté de m'informer par
quelle voye vous m'envoyez de vôtre nectar de Bourgogne, cela m'est important, parce que je crois qu'il
y a des droits à payer pour la sortie de France; et il
serait triste de payer comme étranger quand on est
bon Français, et surtout quand on est Bourguignon
comme j'ai l'honneur de l'être. Il est vrai que je suis
séparé de vous par d'abominables montagnes; et je
crois que vôtre vin fait le grand tour, et arrive par
Versoys. Je vous serai très-obligé de vouloir bien me
mettre au fait de la geografie de mes deux tonneaux.

1. Dictée en partie, écrite en partie, signée par Voltaire.

Cette affaire est plus agréable que celle de ce maudit curé. Je seais fort bien, Monsieur, que vôtre tribunal n'a rien à démêler avec celui de la confession, et qu'il y a une différence énorme entre la justice que vous rendez, et l'abus que les jésuites font quelquefois de ce beau sacrement de pénitence. Je me doute bien qu'on ne peut que les tympaniser et non les actionner[1]; mais je ne veux point prendre parti dans cette affaire, attendu que j'ai été assigné en temoignage, et qu'il faut qu'un témoin ait l'air impartial. Ce beau procez ira sans doute au Parlement. Celà aprendra du moins aux curés du petit païs de Gex à ne point aller battre les femmes chez elles pendant la nuit; Jésus Christ ne les battait point; je me flatte que le Parlement de Bourgogne ne souffrira chez les prêtres, ni les billets de confession, ni les coups de bâton[2].

Cependant buvons, mille respects a madame Le Bault; et avec les memes sentiments Monsieur votre très humble et très obeissant serviteur,

VOLTAIRE.

---

1. *Tympaniser*, veut dire décrier hautement et publiquement quelqu'un. — Le lecteur s'aperçoit aisément que Voltaire a usé largement de ce pouvoir de *tympaniser* tous ceux qu'il regardait comme ses ennemis. La lettre du père jésuite montre ce que Voltaire a interprété par le mot *abus*.

2. Le commencement de la lettre jusqu'à *cependant* paraît avoir été écrit par un secrétaire; la fin est de la main de Voltaire lui-même.

NOTE SUR L'AFFAIRE DE BROSSES.

Les démêlés de Voltaire et du président de Brosses auxquels fait allusion la lettre qu'on va lire (et quelques autres de ce recueil) tirent leur origine des relations établies entre eux au sujet de la terre de Tourney.

Cette propriété avait été vendue à vie, par le président, à Voltaire en 1758, et sous diverses conditions inobservées par l'acquéreur. De là une grande querelle roulant essentiellement sur ce que l'on peut appeler l'affaire Ch. Baudy. Une certaine quantité de bûches extraites du bois de Tourney, estimées 281 francs, avaient été prises et brûlées par Voltaire qui refusait de les payer sous divers prétextes, ce qui lésait d'autant les intérêts de son adversaire liés à ceux du marchand de bois Baudy. Le président tint bon, parce que la mesure de sa patience vis-à-vis de Voltaire était comble, paraît-il. Le nouveau seigneur de Tourney ne remplissait pas, en effet, quoi qu'il en dise dans ses lettres, les conditions du marché passé entre lui et le président. L'affaire fut d'abord appelée devant le bailliage de Gex et renvoyée après jonction, sans ajournement fixe. Voltaire demanda l'arbitrage de trois magistrats, entre autres de M. Le Bault, auquel il écrivit, à ce sujet, une lettre accompagnée de deux écrits sous forme de circulaire, que précède immédiatement la lettre XIV. Les arbitres choisis, le premier président de la Marche, M. Quarré de Quintin, procureur général, et M. Le Bault déclinèrent l'honneur qu'on leur faisait, par respect pour une habitude de leur compagnie, pense M. Foisset. Voltaire prétend que M. de Brosses refusa ce mode de procéder. Bref, la difficulté semble avoir été réglée par l'intermédiaire de M. Fargès, oncle de madame de Brosses, sur une proposition de M. de Brosses qui se déclarait satisfait, pourvu que Voltaire consentit à donner aux pauvres 284 livres.

Quant aux autres prétentions de Voltaire elles furent en partie réglées à l'amiable, entre lui et le président, par les bons offices de M. Legoux de Gerland.

Dans la *Correspondance du président de Brosses et de Voltaire*, M. Foisset a relevé avec une patience et une conscience, également admirables, une foule d'inexactitudes volontaires, d'actes de mauvaise foi de Voltaire, prouvés par la reproduction de pièces authentiques. Les conclusions de M. Foisset sont toutes en faveur de M. de Brosses.

De ces tempêtes dans un verre d'eau résultèrent : 1° Une série de lettres et de mémoires intéressants, parce qu'ils montrent à quel point l'esprit et le talent peuvent rendre séduisants par la forme des sujets insipides dans le fond ; 2° une rancune mal dissimulée de Voltaire contre le président ; finalement, un échec de celui-ci lorsqu'il fut présenté à l'Académie française, son ennemi s'étant appliqué à le faire échouer.

XIV

A Ferney, par Genève, 30 septembre 1764 (1).

Monsieur,

Pour vous amuser pendant les vendanges, souffrez que je vous prenne pour arbitre conjointement avec M. le premier Président et M. le procureur général. Le procédé de M. le président de Brosse vous surprendra peut-être, mais il ne surprend icy personne. J'en suis fâché pour luy plus que pour moy.

1. Publiée par M. Foisset, p. 138. — Tout entière de la main de Voltaire.

J'ay l'honneur d'être avec bien du respect Monsieur
votre très humble et très obéissant serviteur,

VOLTAIRE.

XV

COPIE DE LA LETTRE DE M. DE VOLTAIRE

A M. LE PRÉSIDENT DE BROSSES (1).

20 octobre 1761.

Vous n'êtes donc venu chés moi, Monsieur, vous ne
m'avés offert vôtre amitié, que pour empoisonner par
des procés la fin de ma vie. Vôtre agent le Sr Girod
dit il y a quelque tems à ma niéce que si je n'achetais
cinquante mille écus pour toujours la terre que vous
m'avés venduë à vie, vous la ruineriés après ma mort ;
et il n'est que trop évident que vous vous préparés à
accabler du poids de votre crédit une femme que vous
croiés sans appuis puisque vous avés déja commencé
des procédures que vous comptés faire valoir quand je
ne serai plus. Mais je vous avertis, Monsieur, que vous
ne réussirés pas dans cette entreprise odieuse.

J'achetai vôtre petite terre de Tourney à vie à l'âge
de soixante et six ans sur le pied que vous voulutes. Je
m'en remis à votre honneur, à votre probité ; vous dic-
tates le contract, et je signai aveuglément. J'ignorais
que ce chétif domaine¹ ne vaut pas douze cent livres,
dans les meilleures années ; j'ignorais que le sieur
Chouet, vôtre fermier, qui vous en rendait trois mille

1. Publiée par M. Foisset, p. 149. — L'en-tête de la main de Voltaire.
2. Note de la main de Voltaire, — Je viens de l'afermier douze
cents livres et trois quarterons de paille et un char de foin.

livres, en avait perdu vingt-deux mille. Vous exigeates de moi trente-cinq mille livres, je les paiai comptant; vous voulutes que je fisse les trois premières années pour douze mille livres de réparations. J'en ai fait pour dix-huit mille en trois mois de temps, et j'en ai les quittances.

J'ay rendu très logeable une mazure inhabitable; j'ay tout amélioré et tout embelli comme si j'avais travaillé pour mon fils : et la province en est témoin; elle est aussi témoin que votre prétenduë forêt que vous me donnates dans vos mémoires pour cent arpens n'en contient pas quarante. Je ne me plains pas de tant de lézions, parcequ'il est audessous de moi de me plaindre.

Mais je ne peux souffrir, et je vous l'ai mandé Monsieur, que vous me fassiés un procès pour deux cent francs, après avoir reçu de moi plus d'argent que vôtre terre ne vaut. Est-il possible que dans la place où vous êtes vous vouliés nous dégrader l'un et l'autre au point de voir les tribunaux retentir de vôtre nom et du mien pour un objet si méprisable?

Mais vous m'attaqués, il faut me défendre, j'y suis forcé. Vous me dites en me vendant vôtre terre au mois de décembre 1758, que vous vouliés que je laissasse sortir des bois de ce que vous appellé la forêt; que ces bois étaient vendus à un gros marchand de Genêve, qui ne voulait pas rompre son marché. Je vous crus sur vôtre parole. Je vous demandai seulement quelques moules de bois de chauffage, et vous me les donnates en présence de ma famille.

Je n'en ai jamais pris que six et c'est pour six voies

de bois que vous me faites un procès, vous faites mon-
ter ces six moules à douze comme si l'objet devenait
moins vil.

Mais il se trouve, Monsieur, que ces moules de bois
m'appartiennent; et non seulement ces moules, mais
tous les bois que vous avés enlevéz de ma forest depuis
le jour que j'eu le malheur de signer avec vous. Vous
me faites un procès dont les suites ne peuvent retom-
ber que sur vous, quand même vous le gagneriés.
Vous me faites assigner au nom d'un paisan de cette
terre, à qui vous dites à présent avoir vendu ces bois
en question. Voilà donc ce gros marchand de Genève
avec qui vous aviés contracté : il est de notoriété publique que jamais vous n'aviés vendu vos bois à ce
paisan, que vous les avés fait exploiter et vendre par
lui à Genève pour vôtre compte. Tout Genève le sait.
Vous lui donniés deux pièces de vingt et un sous par
jour pour faire l'exploitation avec un droit sur chaque
moule de bois dont il vous rendait compte. il a toujours compté avec vous de clerc à maître. Je crus
vôtre agent le sieur Girod quand il me dit que vous
aviés fait une vente réelle. il n'y en a point, monsieur;
le Sr Girod à fait revendre en détail pour vôtre compte
mes propres bois dont vous me redemandés aujour-
d'hui douze moules.

Si vous avés fait une vente réelle à vôtre paisan qui
ne sait ni lire, ni écrire, montrés moi l'acte par lequel
vous avés vendu; et je suis prêt de payer.

Quoi! vous me faites assigner par ce paisan, au bas
de l'exploit même que vous lui envoyés! et vous dites
dans vôtre exploit *que vous fîtes avec lui une conven-*

tion verbale! cela est-il permis; monsieur? les conventions verbales ne sont-elles pas défenduës par l'ordonnance de 1667, pour tout ce qui passe la valeur de cent livres?

Quoi! vous auriés voulu en me vendant si chérement vôtre terre, me dépouiller du peu de bois qui peut y être? Vous en aviés vendu un tiers il y a quelques années, votre paisan a abbatu l'autre tiers pour vôtre compte. Son exploit porte qu'il *me vend* le moule *douze francs* et qu'il vous en rend *douze francs* en déduisant sans doute sa rétribution; n'est-ce pas là une preuve convaincante qu'il vous rend compte de la recette et de la dépense; que vôtre vente prétenduë n'a jamais existé, et que je dois répeter tous ces bois que vous fites enlever de ma terre? Vous en avés fait débiter pour deux cent louïs, et ces deux cent louis m'appartiennent. C'est envain que vous fites mettre dans vôtre contract que vous me vendiés à vie le petit bois nommé forêt, excepté les *bois vendus.*

Oui, monsieur, si vous les aviés vendus en effet, je ne disputerais pas, mais encor une fois il est faux qu'il fussent vendus, et si vôtre agent[1] s'est trompé, c'est à vous à rectifier cette erreur.

J'ay supplié M. le premier président M. le procureur general, M. le conseiller le Bault, de vouloir être nos arbitres. Vous n'avez pas voulu de leur arbitrage, vous avés dit que vôtre vente au paisan était réelle. Vous avez cru m'accabler au Baillage de Gex, mais, monsieur, quoique, monsieur vôtre frère soit Baillif

---

1. *Note de la main de Voltaire.* — Pardieu l'agent n'est là que par politesse.

du pais, et quelqu'autorité que vous puissiés avoir,
vous n'aurés pas celle de changer les faits; il sera toujours constant, qu'il n'y a point eu de vente veritable.

Vous dites dans vôtre exploit, signifié à ce paisan,
que vous lui vendites une *certaine* quantité *de bois*.
Quelle quantité, s'il vous plaît? Vous dites que vous
les fites marquer; par qui? avés-vous un garde marteau? Aviés vous la permission du grand maitre des
eaux et forêts? etc.?

La justice de Gex est obligée de juger contre vous,
si vous avés tort. Elle jugerait contre le roy, si un particulier plaidait avec raison contre le domaine du Roy.
le Sr Girod prétend qu'il fait trembler en votre nom
les juges de Gex; il se trompe encore sur cet article
comme sur les autres.

S'il faut que monsieur le chancelier, et tous les ministres, et tous Paris soient instruits de votre procédé,
ils le seront, et s'il se trouve dans votre compagnie res-
pectable une personne qui vous approuve, je me con-
damne.

Vous m'avés reduit Monsieur à n'être qu'avec douleur, votre très humble et très obeissant serviteur,

VOLTAIRE.

APPENDICE A LA LETTRE XV

FAIT[1].

Quand M. le président de Brosses vendit la terre de
Tourney, à vie, à François de Voltaire, gentilhomme

1. Publiée par M. Foisset, p. 140. — *Correspondance de Voltaire
et du Président de Brosses.*

ordinaire de la chambre du roy, âgé alors de soixante-
six ans, l'acquéreur qui ne connaissait point cette
terre s'en remit entièrement à la probité et à la noblesse des sentiments de M. le président de Brosses.
M. le président avait fait ci-devant un bail de trois mille
livres par année, de cette même terre, avec le sieur
Chouet, fils du premier syndic de Genève qui était son
fermier; mais le sieur Chouet y avait perdu, de notoriété publique, vingt-deux mille francs, et la terre ne
rapporte pas douze cents livres dans les meilleures
années. M. le président exigea de l'acquéreur à vie,
âgé de soixante et six ans, trente-cinq mille six cents
livres argent comptant, et douze mille francs en réparations à faire au château et à la terre en trois années de
temps. L'acquéreur fit en trois mois pour dix-huit
mille francs de réparations dont il a les quittances.

Il y a dans cette petite terre de Tourney un bois que
M. le président lui donna pour un bois de cent arpens,
dans l'estimation de la terre ; les ingénieurs, qui sont
venus mesurer par ordre du roy toutes les terres de
France, ont trouvé que ce bois mesuré géométrique-
ment, ne contient pas quarante arpens, et l'acquéreur
a entre les mains le plan des ingénieurs du roy.

Non-seulement l'acquéreur essuya ces pertes consi-
dérables qui ruinent sa fortune, mais M. le président
lui persuada, avant de lui faire signer le contrat, qu'il
avait vendu en dernier lieu à un négociant de Genève
une partie de sa forêt qui était abattue, et qu'il ne
pouvait rompre ce marché. Il fut stipulé dans le contrat passé au mois de novembre, 1758, que M. de Voltaire aurait la pleine jouissance de la terre de Tourney,

et des bois qui sont sur pied et non vendus ; l'acque-
reur ne pouvant pas douter sur la parole de M. le président, qu'il n'y eut une vente véritable, signa le contrat de sa ruine.

Ayant bientôt vu à quel excès il était lésé dans son
marché, il s'en plaignit modestement à M. le président, et lui demanda par ses lettres pourquoi il avait
vendu ces bois qui devaient appartenir à l'acquéreur.
M. le président lui répondit par sa lettre du 12 janvier, 1759 : il est vrai *qu'on a mis un certain nombre*
de chênes au niveau des herbes pour certaines raisons
à moi connues ; mais à quoi la faim de l'or ne con-
traint-elle pas les poitrines mortelles ?

L'acquéreur fut bien surpris quelques temps après,
quand toute la province lui apprit que M. le président
n'avait point du tout vendu ces bois. Il les faisait vendre, exploiter en détail pour son compte par un paysan
du village de Chambésy, nommé Charles Baudy, lequel
Charles Baudy son commissionnaire compta avec lui
de clerc à maître. Il est triste d'être obligé de dire que
l'acquéreur manquant de bois de chauffage, lorsqu'il
acheta la terre de Tourney, eut, en présence de toute
sa famille, parole de M. le président, qu'il lui serait
loisible de prendre douze moules de ces bois préten-
dus vendus pour se chauffer. Il en prit quatre ou cinq
tout au plus.

Enfin, au bout de trois années, M. le président lui
intente un procès au bailliage de Gex, sous le nom de
Charles Baudy, son commissionnaire, pour payement
de deux cent quatre-vingt et une livres de bois ; et
voici comme il s'y prend.

Il assigne Charles Baudy son commissionnaire, qu'il fait passer pour son marchand, et il dit dans cette assignation du 2 juin : *Que Charles Baudy lui retient deux cent quatre-vingt et une livres, parce qu'il a fourni à M. de Voltaire pour deux cent quatre-vingt et un francs de bois;* et Charles Baudy au bas de cet exploit assigne François de Voltaire.

Le défendeur ne veut pour preuve de l'injustice qu'il essuie que l'exploit même de M. le président; il est clair par l'assignation donnée par lui à Charles Baudy, que ce Charles Baudy compte avec lui de clerc à maître, comme toute la province le sait. M. le président dit dans son exploit, que Charles Baudy et lui *firent un marché ensemble en l'année 1756.* Est-ce ainsi qu'on s'explique sur un marché véritable? n'exprime-t-on pas la date et le prix du marché?

Ladite assignation porte en général une *certaine quantité d'arbres;* ne devrait-on pas spécifier cette quantité? Ladite assignation porte que ces *bois furent marqués;* mais s'ils avaient été marqués juridiquement n'en saurait-on pas le nombre? N'est-ce pas un garde-marteau qui devrait avoir marqué ces bois? Peut-on les avoir marqués sans la permission du grand-maître des eaux et forêts? On ne produit ni permission, ni marque de bois, ni acte passé avec ledit Baudy.

Il est donc clair comme le jour que M. le président n'a point fait de vente réelle, que par conséquent tous lesdits bois injustement distraits du forestal, sous prétexte d'une vente simulée, appartiennent légitimement à l'acquéreur de la terre. Baudy en a vendu pour quatre mille huit cents francs.

Partant, François de Voltaire est bien fondé à demander la restitution de la valeur de quatre mille huit cent livres de bois.

Plus, l'indemnisation des dommages causés par l'enlèvement de ces bois au mois de mai contre les ordonnances, comme il est même spécifié dans l'exploit de M. le président, qui porte que Baudy exploita et tira ces bois de la forêt jusqu'au mois de mai 1759.

Le défendeur se réservant ses autres droits sur la lésion de plus de moitié qu'il a essuyée quand M. le président lui a vendu quarante arpens pour cent arpens.

XVI

A Ferney, 12 novembre 1761 [1].

Je ne vous demande du vin, monsieur, qu'en cas que vous en ayez de semblable a celuy que vous m'avez envoié les premières années. A mon âge le bon vin vaut mieux que M. Tronchin. Il y a près de deux ans que je bois du vinaigre et le président de Brosses n'y met pas de sucre. Je suis devenu délicat mais pauvre. Je me recommande, monsieur, à votre goust et à votre compassion. Je vous demande en grace de vouloir bien me procurer deux mille barbues, c'est le mot, je crois, de seps bourguignons ; le tout m'arriverait par les mêmes voitures. Tout ce que je reçois de Bourgogne me fait grand plaisir excepté les exploits du président de Brosse. Il veut vendre cher ses fagots, tâchez mon-

1. Publiée par M. Foisset. — Correspondance de Voltaire et du Président de Brosses. — En entier de la main de Voltaire.

sieur de me vendre bon marché votre vin dont je fais
plus de cas que de cette grande forest de quarante arpents de la magnifique terre du président. Je vois qu'il
y a vin et vin, comme il y a fagots et fagots. C'est du
bon que je demande. Il serait doux d'avoir l'honneur
de le boire avec vous et que ce terrible président n'y
mit point d'absinthe. Il fait d'étranges hippotèses. Il
suppose des ventes et il argumente *à falso supponente.*
Vous ne m'avez pas répondu monsieur sur l'arbitrage
que je proposais; aussi je n'en demande plus et je le
tiens condamné dans le cœur de tous ses confrères,
quod erat demonstrandum.

J'ai l'honneur d'être très-respectueusement, monsieur, votre très-humble et très-obéissant serviteur,

VOLTAIRE.

XVII

A Ferney, 5 décembre 1761 (1).

Puisqu'il faut vous dire la vérité, monsieur, l'un de
vos tonneaux a tourné entierement; je garde l'autre, et
j'attends le mois de may pour le boire. J'accepte avec
foy et espérance le vin du cru de madame Lebault; il
doit être agréable, sans fadeur, fort sans trop de viva-
cité, bien coloré sans être trop foncé, n'y trop clair. Il
doit plaire à tous les gousts, du moins c'est ce que j'i-
magine, pour peu qu'il tienne de la propriétaire; il est
vrai que je suis bien pauvre : 1° grace à la guerre ;
2° grace à une église que jay fait batir et pour laquelle

1. En entier de la main de Voltaire.

on voulait me pendre ; 3° grace a un théâtre ou je joue
passablement les vieillards, mais qui est trop beau
pour le pays de Gex ; 4° grace à M. de Brosse qui me
coute prés de soixante mille livres pour un trou à vie
que j'afferme douze cent livres. J'avoue qu'aprés avoir
ainsi perdu 60,000 francs, je me suis révolté contre
luy pour deux cent francs. Son procédé m'a choqué,
parce que j'y ay entrevu trop de mépris pour ma fai-
blesse. Je veux bien qu'on me ruine, mais je ne veux
pas qu'on se mosque de moy, et si monsieur le président de Brosse m'avait donné son amitié pour mon argent, je ne me serais pas tant plaint du marché. Je
vous avais fait très sérieusement, monsieur, juge du
procédé et du procez. Il n'a point voulu d'arbitres, et
je commence à croire qu'il ne voudra point de juges,
et qu'il abandonnera noblement cette importante affaire, ou il s'agit du *foin que peut manger une poule
en un jour.*

Vous faites trés-bien monsieur d'hériter de bons vi-
gnobles, et de ne point acheter comme moy, trés-ché-
rement, des terres qui ne donnent que du vin de brie ;
vous faites encor trés-bien de tailler, en automne, vous
en ferez plus tot vendange. Je présente mes respects à
madame Lebeau en attendant son vin. Je vous supplie
de me conserver vos bontez et celles de M. le premier
président et de M. le procureur-général, vos co-arbi-
tres dans la grande affaire des fagots de Tournay.

J'ai l'honneur d'etre sérieusement et avec respect,
monsieur, votre trés-humble et trés-obéissant serviteur,

VOLTAIRE.

XVIII

A Ferney, 22 mars 1762 (1).

Je crois, monsieur, que les voiageurs que vous avez eu la bonté de m'adresser auront été un peu étonnez de la cohue qu'ils trouverent dans un hermitage qui devrait être consacré au repos. Nous leur donnames la comédie et le bal, mais monsieur votre parent eut bien de la peine a trouver un lit. Ils furent si effarouchez de notre désordre que je n'ay plus entendu parler d'eux; j'en suis trés-faché. Votre parent, monsieur, me parut infiniment aimable, dans la presse; et j'entrevis que dans la société il doit être de la meilleure compagnie du monde. Vous ne voulez donc pas que je boive du vin de madame Lebault, vous m'avez abandonné, vous ne me jugez ny ne m'abreuvez. Je n'ay plus, je crois, de procez avec M. le président de Brosse mais aussi je nay plus de son vin de Tournay; jay abandonné le tout a un fermier pour éviter toutte noise.

Vous avez entendu parler peut-etre d'un bon huguenot que le parlement de Toulouse a fait rouer pour avoir étranglé son fils; cependant ce saint réformé croiait avoir fait une bonne action, attendu que son fils voulait se faire catholique et que c'était prévenir une apostasie; il avait immolé son fils a Dieu et pensait être fort supérieur à Abraham, car Abraham n'avait fait qu'obéir, mais notre calviniste avait pendu son fils de son propre mouvement, et pour l'acquit de sa con-

---

1. En entier de la main de Voltaire.

science. Nous ne valons pas grand chose, mais les hu-
guenots sont pires que nous, et de plus ils déclament
contre la comédie.

J'ay l'honneur d'être avec bien du respect, monsieur, votre très-humble et très-obéissant serviteur,

VOLTAIRE.

NOTE SUR L'AFFAIRE CALAS.

Rappelons succinctement en quoi consistait l'affaire de
Calas si fréquemment citée et si rarement connue en détail.

Le sieur Calas, négociant et de plus calviniste, avait
été accusé d'avoir étranglé son fils Marc-Antoine Calas,
le 13 octobre 1761, avec l'aide ou le consentement de la
mère de la victime, d'un second fils, Pierre, d'un ami,
nommé Lavaysse, d'une servante, Jeanne Viguière.

Un arrêt définitif du parlement de Toulouse, en date
du 9 mai 1762, condamna Calas père à être roué vif,
étranglé (pour abréger ses souffrances), puis brûlé après
avoir été tout d'abord torturé. La femme, la servante,
Lavaysse, furent mis hors de cour (grande preuve d'indulgence, les débats étant connus), Pierre Calas fut condamné au bannissement perpétuel avec défense de rompre
son ban sous peine de la vie.

Il peut être bon de remarquer, qu'étant admis les détails de l'instruction et les conclusions des juges, le tribunal ne fit qu'appliquer strictement les procédés de la
justice d'alors, si barbares qu'ils nous paraissent aujour-
d'hui. Sous tous ces rapports, les personnes exactement
informées (les compatriotes de Calas spécialement) n'ont

pu trouver et n'ont trouvé en effet, alors comme aujour-
d'hui, rien qui ne fût *consciencieux* et même, chose bi-
zarre en apparence, *modéré* dans l'arrêt des capitouls et
des conseillers de Toulouse.

L'attention de Voltaire qui, dans la lettre 18, commence
à être éveillée, ne devient de l'intérêt que peu à peu ; cependant la transformation fut rapide, la lettre 19 le prouve,
on peut s'en rendre compte facilement par diverses raisons.

1° Les débats du procès avaient conduit les juges à ne
pouvoir expliquer le crime de Calas que par un accès de
fanatisme protestant. Marc-Antoine avait manifesté l'intention de se faire catholique contre le gré de son père,
furieux déjà de ce qu'un autre de ses fils eût abjuré les
doctrines d'un fervent calviniste comme lui.

2° Donnat Calas, l'un des fils du supplicié, était venu
habiter les environs de Ferney.

3° Les protestants de Genève, autres voisins de Ferney,
se montraient fort émus de ce qu'on eût pu se permettre
de tirer des conclusions fâcheuses des doctrines calvinistes. Ces diverses circonstances, la première surtout,
fournirent à Voltaire, le moyen de renverser les rôles et
de faire considérer comme fanatiques, non pas les Calas
qui se sont montrés tels en réalité, mais les juges de ces
protestants, c'est-à-dire des catholiques et des parlemen-
taires, double raison aux yeux de Voltaire pour entrer en
campagne contre eux.

Voltaire d'ailleurs trouvait à entreprendre la réhabilita-
tion des Calas (comme il y réussit), d'abord, l'avantage
d'attaquer *l'infâme*, en combinant les efforts du parti philosophe et des protestants ; secondairement, il se posait
aux yeux du public en général, de la contrée qu'il habi-
tait en particulier, comme le patron de personnes malheureuses, sans doute, et qu'il pouvait représenter aux
yeux de la masse ignorante, partiale et négligente,
comme étant persécutées.

Il nous a paru très-instructif de reproduire à ce sujet

quelques lignes montrant avec quelle audace dans le
mensonge opérait Voltaire, et quel médiocre souci il té-
moignait de quiconque n'avait pas le pouvoir souverain.

Les avocats de Calas, Élie de Beaumont et Mariette,
écrivant sous la dictée du philosophe de Ferney, disaient :
« Ni la Sorbonne en 1542, ni le Concile de Trente en 1545,
« qui anathématisèrent en détail les erreurs de Calvin
« n'y aperçurent cette maxime abominable (que le père
« a le droit de tuer son fils lorsqu'il veut changer de re-
« ligion contre son gré). Il était réservé à nos jours, de
« trouver dans la foi protestante une nouvelle erreur que
« n'ont point trouvée la Sorbonne, le Concile de Trente,
« les Duperron, les Arnauld, les Nicole, et tant d'autres
« grands hommes qui ont consacré leur vie à écrire contre
« cette secte. »

Il faut ajouter à cette énergique réclamation celles des
protestants de Genève, exprimant combien ils avaient en
horreur les principes que « quelques insensés avaient osé
attribuer à la religion de Calvin. »

Or, on lit page 96 de l'*Institution chrétienne de Calvin*,
édition de Genève :

« Ceux qui blessent la puissance paternelle par l'opi-
« niâtreté ou l'offense, ne sont pas des hommes, mais
« des monstres. C'est pourquoi, Dieu commande de *tuer*
« *les enfants rebelles*, parce qu'ils sont indignes du bien-
« fait de la lumière, en méconnaissant ceux qui l'ont fait
« luire à leurs yeux. Il ressort évidemment de divers ar-
« ticles de la loi que nous avons dit la vérité en écrivant
« que le mot honorer implique trois conditions : le res-
« pect, l'obéissance, la reconnaissance. Le Seigneur sanc-
« tionne la première, en commandant de tuer ceux qui
« maudissent leurs parents, et la seconde, en portant la
« peine de mort contre les enfants rebelles. »

On peut juger d'après cela du degré de confiance que
méritent les assertions de Voltaire, et du respect qu'il faut
avoir pour le caractère de cet incomparable menteur, qui,
du reste, n'obtint le triste et étonnant succès de la réha-

bilitation des Calas qu'après trois ans d'efforts opiniâtres
et en frappant à toutes les portes, par exemple, à celle
de Madame de Pompadour.

On verra dans la lettre nº 31 de cette correspondance
que, *d'après Voltaire*, la faute de la soi-disant erreur
judiciaire commise dans l'affaire Calas doit être attribuée
non pas au Parlement de Toulouse mais à un capitoul,
fanatique, cela va sans dire. M. Mary Lafon auquel nous
empruntons une partie des citations qui précèdent et qui
a examiné la question, pièces en main, est d'un avis différent. Le nombre et la nature des assertions fausses qu'il
relève dans le récit de Voltaire à propos de l'affaire Calas
est curieux et prouve quelquefois autant la légèreté du
personnage que sa mauvaise foi, cette légèreté au reste
n'étant qu'une confiance absolue dans la crédulité de son
public.

XIX

Au château de Ferney, 2 avril 1762 (1).

Puisque vous avez la bonté monsieur d'abreuver
notre trouppe du roman comique, je vous supplie de
vouloir bien m'envoyer tout ce que pourra contenir la
plus énorme charette. Le vin d'ordinaire des vignes
de madame Le Bault sera pour les assistants et le
meilleur s'il vous plaît sera pour moy. Une petite futaille de ce meilleur, contenant environ deux cent quarante pintes, sera mon affaire.

> *Imbecilla volet tractari mollius ætas.*

Je ne crois pas que le curé de Moëns tâte de votre bon
vin. ce n'est pas qu'il ne laime infiniment. mais il ne
mérite que de l'eau du Stix. Et il devrait bien en aller

---

1. En entier de la main de Voltaire.

boire avec votre fripon de curé, qui m'a vendu un tonneau de mauvais vinaigre.

L'affaire du roué de Toulouse[1] devient très problé-
matique. On prétend que le fanatisme est du côté de
huit juges qui étaient de la confreirie des pénitents
blancs. Cinq conseillers qui n'étaient pas pénitents ont
absous entièrement l'accusé, les autres ont voulu sa-
crifier un hérétique. Voyla ce que l'on écrit. Il est
après tout fort étrange, qu'un pere accusé d'avoir
pendu son propre fils soit condamné sur des preuves
si légères, que de treize juges il y en ait cinq qui le
déclarent innocent. Le testament de mort de l'accusé
vaut encor pour le moins trois juges. Enfin cette affaire
est épouvantable de part ou d'autre. Je souhaitte que
votre petite tracasserie avec le roy[2] finisse bientôt et
que vous reprimandiez au moins le curé de Moëns, car
il n'y a pas moyen de le rouer.

Si Calas et les huit pénitents blancs avaient été philosophes[3], notre siecle ne serait pas deshonoré par
ces horreurs.

Je ne crois pas que nos philosophes veuillent em-
pécher nos vignerons et nos laboureurs d'aller à la
messe, mais je crois qu'ils voudraient empêcher les
honnetes gens detre les victimes d'une superstition

---

1. (Voir *Histoire du Midi de la France*, par Mary-Lafon. — *Erreurs
et mensonges historiques*, 2ᵉ série, par Barthélemy.)

2. Voir, pour les détails de cette querelle, la note sur l'affaire
Varennes, placée à la fin de la lettre XIX.

3. S'il avait été donné à Voltaire de prolonger sa vie de quelques
années, il aurait pu contempler de ses yeux, au spectacle d'une révo-
lution qu'il avait aidé à préparer, la douceur, la tolérance et les
vertus humanitaires que les philosophes et leurs adeptes savent pra-
tiquer, quand ils ont le gouvernement des peuples.

aussi absurde qu'abominable, qui ne sert qu'à enrichir des fripons oisifs et à pervertir des ames faibles. Ceux qui veulent que leurs amis pensent comme Cicéron, Platon, Lucrèce, Marc Antonin, etc., n'ont pas tant de tort.. pour la canaille[1] il ny faut pas panser.

Jay lhonneur detre avec bien du respect Monsieur votre tres humble et tres obeissant serviteur,

VOLTAIRE.

NOTE SUR L'AFFAIRE VARENNES.

Le parlement de Dijon avait été attaqué dans ses pré-rogatives et sa réputation par des écrits du sieur Varennes, et n'avait pu obtenir satisfaction. Par suite, il avait cessé d'expédier les affaires, « *ses magistrats ne se reconnaissant* « *pas l'esprit assez libre pour rendre la justice aux sujets* « *du Roi.* »

Quelques incidents de cette affaire, assez célèbre du reste, méritent pourtant d'être rappelés en toute occasion, comme exemple de l'esprit de dignité, de conscience de ses devoirs, qui animait l'ancienne magistrature.

Varennes était soutenu énergiquement par des person-nages très-influents, qui défendaient en lui l'avocat des traitants poursuivis par la cour des aides. M. de Males-herbes, alors premier président de cette assemblée, dé-fendit avec la plus noble fermeté les droits de la justice et des personnes, indignement outragés.

---

1. On connait plusieurs amabilités de ce genre, de la part de Voltaire envers le peuple. (Voir une note à la fin du 16e volume de *l'Histoire de France*, par Gabourd.)

Il fit successivement décréter d'ajournement personnel Varennes, qui fut ensuite condamné par contumace. A ces actes de vigueur, les ministres avaient fait opposer, d'abord, une défense à l'accusé de quitter Versailles, et la procédure ayant été continuée dans cette ville par ordre du premier président, on fit décorer le coupable du cordon de Saint-Michel, croyant le rendre ainsi pres-que inviolable. Malesherbes riposte en faisant décréter Varennes de prise de corps, mais on fit donner par le Roi l'ordre d'expédier des lettres d'abolition envoyées à l'enregistrement de la cour des aides.

Varennes fut obligé de comparaître à genoux devant le premier président, M. de Malesherbes, qui lui adressa ces paroles dignes et sévères : « *Varennes, le Roi vous accorde* « *des lettres de grâce, la cour les entérine, la peine vous est* « *remise, mais le crime vous reste.* »

XX

Aux Délices, 17 mai 1762 (1).

J'ai été sur le point, Monsieur, de boire de l'eau du Stix, qui ne vaut pas votre vin de Bourgogne ; et je crois que pour le peu de temps que j'ai encore à ramper sur ce globule, appelé globe, le vin me sera interdit, mais du moins j'aurai le plaisir d'en faire boire ; ainsi votre charrette sera la très-bien venue. Je voudrais bien que vous vous remissiez à juger² ; je vous prépare une affaire singulière qui a été un an entier sur le tapis du bailliage de Gex : supposé que ce bailliage ait un tapis.

---

1. Cette lettre n'est pas écrite de la main de Voltaire, qui l'a seulement signée.
2. Voir la note placée à la fin de la lettre XIX.

Six gentilshommes du pays, tous frères, tous pauvres, tous au service du roi dans le même régiment, et la plupart mineurs, ont trouvé leur bien engagé par antichrèse à un huguenot. Ce huguenot a vendu leur patrimoine aux jésuites, et les bons jésuites se flattant que ces gentilhommes n'auraient jamais de quoi rentrer dans leur bien, l'ont acheté pour la plus grande gloire de Dieu.

Ils ont obtenu du roi des lettres patentes, pour s'emparer ainsi du bien d'autrui, et vous avez eu la bonté d'entériner ces lettres-patentes parce qu'alors personne ne réclamait contre.

Enfin, les six frères ont trouvé de l'argent[1], ils ont consigné; les jésuites ont été forcés de se désister; le huguenot avec lequel ils avaient manœuvré a été sommé de rendre le bien et de compter des intérêts reçus, et des dégradations; il a été condamné tout d'une voix; il en a appelé au parlement pour gagner du temps; le procès vaut la peine d'être jugé. Partant, je prie Dieu qu'il vous inspire la digne résolution de ne plus laisser languir les pauvres plaideurs. Pour moi, je n'ai de procès qu'avec la nature, je sais bien que je

1. Voltaire revient assez fréquemment dans ses lettres sur cette affaire de MM. Desprez de Crassy, dite du clos Balthazard; le bien en question avait été tout simplement cédé *en antichrèse* à un M. Dauphin de Chapeaurouge (le huguenot de Voltaire), par les parents de MM. de Crassy et pendant leur minorité. Les jésuites d'Ornex étaient en négociations avec le nouveau propriétaire pour acheter le clos, lorsque les frères de Crassy reçurent de Voltaire 14 ou 15000 livres, au moyen desquelles ils purent rentrer en possession sans difficulté, en vertu du *retrait lignager*. Il n'y avait dans tout cela qu'un tour joué par Voltaire aux jésuites qui paraissaient désireux d'acquérir.

finirai par le perdre, mais en attendant je voudrais
bien voir vos tracasseries finies. Est-il possible que
toute une province soit assez malheureuse pour être
forcée de ne se plus ruiner à plaider?

Vous nous mettez tous dans le cas de la comtesse
de Pimbêche.

J'ai l'honneur d'être avec le plus sincère et le plus
tendre respect, Monsieur, votre très-humble et très-
obéissant serviteur,

VOLTAIRE.

XXI

Aux Délices, 24 mai 1762 (1).

Il est arrivé, Monsieur, huit tonneaux à Nyon, ne
pourriez-vous point avoir la bonté de me dire si le
tonneau de Corton est de la bande. J'ai fait rester ces
huit tonneaux dans la cave du commissionnaire. Je
vous supplie de vouloir bien me donner quelques in-
structions sur cette cargaison. Faudra-t-il laisser le vin
en tonneau, faut-il le tirer en bouteilles? Quand sera-
t-il potable. *Quis, quid, ubi, quibus auxiliis, quo-
modo, quando.* Tout ce que je vous demande est très-
désintéressé, car je ne boirai guère de votre bon vin,
mais je boirai à la santé du Parlement quand vous
aurez accommodé toute cette malheureuse affaire[2].

Je présente mes respects à la propriétaire des neufs
tonneaux, et à celui du dixième.

1. Écrite par un secrétaire, signée par Voltaire.
2. Voir la note explicative après la lettre XIX.

Pardonnez si je me sers d'une main étrangère, je suis encore bien faible.

Avec bien du respect votre très humble obéissant serviteur[1],

VOLTAIRE.

XXII

Aux Délices, 8 septembre 1762 (2).

Monsieur,

On dit que votre Parlement va reprendre ses séances ; je vous prie d'agréer mes très-sincères compliments ; la paix va enfin être partout, et tout le monde en avait besoin ; pour moi je suis en guerre avec les dix tonneaux, dont je comptais boire ma part à votre santé. Le tempérament de votre vin est trop différent du mien, vous savez que je suis trop maigre, et il s'est mis à être trop gras, il file. Je vous demande conseil. Vous devez, Monsieur, être le Tronchin du vin ; dites-moi, je vous prie, s'il y a du remède, et quel remède vous apportés en pareil cas.

Je suis plus malade encore que mon vin, et c'est ce qui fait, Monsieur, que je n'ai pas l'honneur de vous écrire de ma main ; je renonce à engraisser, mais si vous pouvez dégraisser mes dix tonneaux, je vous aurai une extrême obligation.

Je comptais avoir l'honneur de vous voir cet automne et d'aller à La Marche, il faudra que je me borne

1. De la main de Voltaire.
2. Dictée à un secrétaire, signée de Voltaire.

à vous renouveler de loin le respect et l'attachement avec lequel j'ai l'honneur d'être, Monsieur, votre très-humble et très-obéissant serviteur,

Oserai-je prendre la liberté de présenter mes respects à M. le premier Président et à M. le Procureur général ?

VOLTAIRE.

XXIII

A Ferney, par Genève, 31 décembre 1758 (1).

Monsieur,

Premièrement jay l'honneur de vous demander un tonneau de votre meilleur vin, et pour celuy qui sest tourné en huile, comme ce n'est point *oleum lætitiæ,* permettez que je n'en demande pas. Voulez vous avoir la bonté d'envoier votre bon tonneau avec double futaille a M. Camp a Lyon lequel me le dépechera. Les rouliers ordinaires feront cette besogne sans envoyer un roulier exprès passer à grands frais la Faucille.

Secondement puije implorer votre protection pour avoir quatre mille plantons des meilleures vignes de Bourgogne. Je scais bien qu'il est ridicule de planter a mon age; mais quelqu'un boira un jour le vin de mes vignes; et cela me suffit, *homo sum, et vini nihil a me alienum puto.* Dites moy du moins a qui je dois m'adresser en bien payant, on m'enverra les plans en mars, et je les planterai en avril; et si le temps est beau, on me les enverra en février, et je les planterai en mars.

---

1. En entier de la main de Voltaire.

Troisiement n'êtes vous pas arbitre entre messieurs les premiers présidents de La Marche? du moins vous connaissez ces affaires malheureuses que je voudrais voir terminées. Je prétay il y a plus d'un an vingt mille livres a Mr l'ancien premier president. On me dit que la terre de La Marche répond de la dot de mesdames ses filles et des biens maternels de M. le premier president son fils. Il se présente un party pour mademoiselle Corneille, et je luy donne ces 20,000 francs pour dot, si l'affaire reussit. Mais je dois craindre de luy assigner une dot litigieuse, et je voudrais des affaires nettes; je voudrais surtout ne déplaire ny au pere ny au fils. J'espere qu'ils seront bientot d'intelligence mais en attendant pui-je vous demander la vérité? je vous demande le secret et je vous le garderai. Pardonez la liberté que je prends et ne l'imputez qu'a ma confiance respectueuse.

Le raporteur de laffaire du parlement au conseil[1] vint chez moy au commencement de l'automne, jay lu tous les mémoires, il ne mapartient que de vous témoigner ma vénération pour votre corps. Vous etes les peres du peuple : et je suis peuple, je fais des vœux pour que tout rentre dans l'ordre acoutumé.

Pui-je prendre la liberté de vous supplier Monsieur de présenter mes respects à Monsieur le premier président et a M. le procureur genéral? pardon de mes libertez et de mes trois numero.

Si le vin de madame Le Beau n'est pas comme les lis qui ne filent point, ce n'est pas sa faute. Ce n'est

---

1. Voir la note qui suit la lettre XIX.

pas non plus la votre, qui ne pouvez aller juger vos
tonneaux dans vos terres.

Jay lhonneur d'etre avec les sentiments les plus respectueux Monsieur votre tres humble et tres obeissant
serviteur

VOLTAIRE.

XXIV

Au château de Ferney, 14 janvier 1763 (1).

Monsieur,

J'ai les yeux rouges comme un ivrogne, et je n'ai
pourtant pas l'honneur de l'être. Ma fluxion et quelques autres bagatelles de cette espèce me privent de
l'honneur de vous écrire de ma main.

Quand je prends la liberté de vous demander du vin
de Corton, ce n'est point par sensualité, c'est par régime; c'est ce qui fait que je vous en demande peu
cette année.

A l'égard de l'autre vin, j'avoue qu'il ne ressemble
pas aux lys de France qui ne travaillent ni ne filent;
mais je crois que c'est ma faute de l'avoir laissé trop
longtemps un peu exposé dans la petite ville de Nyon,
au pays de Vaux, où on me l'avait adressé. Je fais ré-
paration d'honneur à madame Le Bault, et je crois que
son vin est comme elle, très-agréable et bienfaisant.

Je conviens, Monsieur, que les arbitres ont passé
un peu leur pouvoir²; mais il me semble qu'ils ne pou-

1. Dictée à un secrétaire, signée par Voltaire.
2. Il s'agit de difficultés d'intérêt entre les premiers présidents de
La Marche. Il en a été fait mention dans la lettre XXII.

vaient le passer d'une manière plus raisonnable. Je
conseille au père d'acquiescer et d'ensevelir dans l'ou-
bli tous ces petits différents qui troublent le repos de
deux hommes respectables.

Je vous rends, Monsieur, de très-humbles actions
de grâces de tout ce que vous avez bien voulu me
mander.

Revenons, s'il vous plaît, au vin de Corton, je ne le
demande ni nouveau, ni vieux, ni en tonneau, ni en
bouteilles, je le demande tout comme vous voudrez me
l'envoyer; tout m'est égal, pourvu qu'il soit bon; faites
comme il vous plaira, vous êtes le maître.

Je présente mon respect à madame Le Bault, et j'ai
l'honneur d'être avec le même sentiment, Monsieur,
votre très-humble et très-obéissant serviteur,

VOLTAIRE.

Ferney, 14 janvier 1763.

Vraiment, Monsieur, j'oubliais de vous remercier
des plans de vigne que vous voulez bien m'offrir. J'aurais l'air d'être un ingrat, et je ne le suis pas. Je vous
aurai la plus grande obligation.

XXV

Aux Délices, 23 mars 1763 (1).

Vous faites de moi, monsieur, un petit Noë. Graces
a vos bontés je plante des vignes dans ma vieillesse.
Si je ne bois pas du vin qu'elles produiront ceux qui

1. Cette lettre est signée seulement de Voltaire, qui l'a dictée.

viendront après moi, le boiront à ma santé. Agréez, je vous prie, mes très-humbles remerciements.

Je crois que vous avez à présent plus d'une affaire ; vous devez être surchargéz ; les jésuites vont surtout vous occuper ; vous ne pourez guères vous dispenser de leur donner un habit court, et d'en faire des ci-toïens ; mais après tout, ils ne font point de marché pour bâtir des palais de dix-sept cent mille livres [1], comme Don L'enfant trouvé. On lapide aujourd'hui les fils de Loyola avec les pierres de Port-Royal. Ils ont été persécuteurs, et ils sont persécutés ; ils re-cueillent ce qu'ils ont semé, rien n'est plus juste. Puisse ce premier pas apprendre à la France que nous avons plus besoin de cultivateurs que de moines.

Vous me feriez un très-grand plaisir, monsieur, de

---

1. Il peut être assez intéressant d'observer que Voltaire rend hommage aux jésuites dans une des lettres précédentes (n° 3) et dans celle-ci. Du reste le diable n'y perd rien, car, dans la première, Voltaire se rattrape sur les Cordeliers, et dans la seconde, ce P. Lenfant et par suite, son ordre (qui nous est inconnu), reçoivent une partie des coups. L'on retrouve, à la fin de l'alinéa, un échantillon de la méthode toujours vieille, mais toujours nouvelle, usitée par les en-nemis de l'Église dans leurs attaques contre ses défenseurs ; elle con-siste à traiter de persécuteur et d'homme violent quiconque repousse les assauts dirigés contre la doctrine catholique. Les rôles sont, par suite, presque toujours intervertis et l'on pense involontairement au fameux dicton : Cet animal est fort méchant, etc.

La dernière boutade de Voltaire contre les moines, en général, a cependant une certaine originalité, car il faut toute l'audace de l'écrivain et toute sa confiance dans la naïveté d'admirateurs aveugles, pour qu'il ne craigne pas de provoquer la comparaison entre l'œuvre des moines, défricheurs des forêts de la Gaule, et celle de leurs en-nemis, qui pourraient, sans se faire tort (fussent-ils disciples de Vol-taire), prendre des leçons d'agriculture dans plus d'un couvent, exemple, chez les trappistes.

vouloir bien m'apprendre si on peut compter que les
tailleurs bourguignons rogneront, comme ailleurs, les
robes des jésuites. Ils ont un petit bien [1], un domaine
rural dans le païs de Gex qui pourait faire quelque
bien au canton, en étant remis dans la circulation, et
en n'étant plus mainmortable, il se trouverait des voisins [2] qui payeraient la valeur de ce domaine, et on
prendrait, dès à présent, des mesures pour rassem-
bler la somme nécessaire, que l'on déposerait ensuite,
ainsi qu'il serait ordonné par le parlement. Si cette
affaire n'est pas encore mure, j'ose pourtant vous demander ce que vous en prévoiez, et je vous promets
le secret.

J'ai l'honneur d'être, avec l'attachement le plus
respectueux, monsieur, votre très-humble et très-
obéissant serviteur.

VOLTAIRE.

Permettez-moi d'en dire autant à madame Le Bault.

1. Voltaire en avait un considérable, mais il ne voyait pas qu'en
invitant à dépouiller les uns, il préparait les spoliations des autres.
Les philosophes d'hier et d'aujourd'hui ont d'étranges idées sur le
droit de propriété.

2. On a pu voir dans une de nos notes (lettre XX) que les voisins
s'appellent *M. de Voltaire*, qui, pour tourmenter les jésuites, prêta
16000 livres à MM. de Crassy.

XXVI

À Ferney, 6 septembre 1763 (1).

L'Adonis du parlement[2], monsieur, ma fait l'honneur de m'apporter une de vos lettres. Il y a eu dans mon taudis une séance du Parlement [3] plus agréable que celles ou les commandants de province assistent. La fete eut été complette pour moy si vous aviez été du voiage. Permettez que je me dépique en vous demandant un de vos tonnaux ordinaires de votre excellent vin. Si j'osais, je vous supplierais d'accompagner cet envoy de quelques seps de vigne, que je pusse planter sur la fin de l'automne avec colles que vous avez déjà eu la bonté de m'envoyer. Elles viennent à merveille; jay au moins la consolation de voir les feuilles de la vigne dont probablement je ne boirai point le vin. Je suis un peu faché que la vie soit si courte. Je n'en jouis que depuis que je suis dans la retraite.

Je vous prie, monsieur, vous et madame Le Bault, d'agréer le respect avec lequel jay l'honneur d'etre votre trés humble et obéissant serviteur.

VOLTAIRE.

1. En entier de la main de Voltaire.

2. On verra dans la lettre XXVII l'explication de cette manière de s'exprimer.

3. Voltaire avait invité quelques membres du parlement de Dijon à venir passer quelque temps à Ferney.

XXVII

Au château de Ferney, 1er novembre 1763 (1).

Monsieur,

Il y a environ six semaines que j'eus l'honneur de vous écrire par le plus jeune de vos confrères, que j'appellais l'Adonis du Parlement. Je vous demandais un tonneau de vôtre meilleur vin; mais permettez qu'aujourd'hui j'aie l'honneur de vous parler d'une affaire plus essentielle; ayez la bonté de préparer votre patience.

Lorsque Henri IV, de divine mémoire, acquit le pays de Gex, il s'engagea par le traité à maintenir tous les droits des seigneurs, toutes les aliénations de dîmes, et d'autres possessions faites en leur faveur. Il ratifia les anciens traités qui stipulaient ces droits. Louis XIV les confirma solemnellement par le traité d'Arau en 1658, et Louis XV les a toujours maintenus quand on les a réclamés en son conseil.

Je me suis trouvé dans ce cas en achetant la terre de Ferney. MM. de Budé qui me l'ont vendue, soutenaient au conseil du Roi leurs droits, et particulièrement celui des dîmes, que le curé revendiquait.

Le Roi a fait écrire en dernier lieu, par M. le duc de Praslin à M. le premier président, que son intention était que les traités subsistassent dans toute leur force; que les seigneurs du pays de Gex ne fussent inquiétés

---

1. Dictée à un secrétaire, signée par Voltaire.

dans aucun de leurs droits, attendu que ces droits intéressent la Savoie, Berne et Genève.

M. le duc de Praslin prie au nom du Roi M. le premier président d'empêcher qu'il soit fait aucune procédure au sujet des dîmes contre les seigneurs qui en sont en possession. M. le duc de Praslin m'ayant fait part de cette résolution du Roi et de la lettre qu'il écrivait à M. le premier président, j'eus l'honneur d'écrire à ce magistrat, pour lui demander sa protection. J'en use de même avec vous, monsieur. Je sens bien que le Parlement pourrait faire des difficultés sur la lettre de M. le duc de Praslin, qu'on peut la regarder comme n'étant pas dans les règles ordinaires, et qu'alors il faudrait obtenir un arrêt du Conseil en forme. Mais monsieur, cette affaire étant de pure conciliation, ne puis-je pas me flatter, qu'en voulant bien vous joindre à M. le premier président, on imposera silence à mon curé, et l'on nous épargnera les longueurs et les frais d'un procès au Conseil du Roi. Vous rendriez en cela la plus exacte justice. Ce prêtre jouit de plus de douze cent livres de rente, et demande encore la dîme [1] à laquelle ses prédécesseurs ont renoncé, et pour laquelle ils ont transigé : il veut plaider au Parlement, parce qu'il dit que le Parlement ne connaît point les traités, et ne juge que sur le droit commun. S'il avait la dîme, la terre de Ferney lui vaudrait plus qu'au seigneur. Il joint à ses procédures le procédé d'un ingrat. Nous

---

1. La dîme, paraît-il, n'est aux yeux de Voltaire un abus criant que lorsqu'elle est payée à l'Église et non aux seigneurs; douze cents livres de rente ne permettent pas d'exiger la dîme, mais cent mille livres, c'est une autre question.

l'avons accablé de bienfaits, et il s'arme aujourd'hui de nos bienfaits contre nous mêmes.

Voilà, monsieur, sur quoi je réclame vos bontés; j'ajouterai que cette affaire regarde M. le président de Brosses autant que moi; car si je perdais ma dîme il perdrait aussi celle de la terre de Tournay, qu'il m'a vendue à vie. Je vous supplie de vouloir bien me dire ce qu'il faut que je fasse dans cette conjoncture délicate; permettez-moi de m'en rapporter à vos lumières et à votre bienveillance.

J'ai l'honneur d'être avec respect, monsieur, votre très-humble et très-obéissant serviteur.

VOLTAIRE.

XXVIII

Aux Délices, 28 décembre 1763 (1).

Monsieur,

J'ai reçu la feuillette, et je suppose qu'elle est de l'année passée, elle n'en vaudra que mieux; au moins mon curé n'aura pas la dîme de cette feuillette, et nous la boirons toute sans lui à votre santé; il est vrai que ce prêtre boit plus que toute notre maison ensemble. Il fait venir du vin de Champagne qu'il compte payer de notre dîme. Son maudit procureur nous persécute. J'ai supplié M. le premier président de vouloir bien ne nous point juger sitôt. Comme il y a cent ans que ce procès dure, y aurait-il un si grand

1. Dictée à un secrétaire, signée par Voltaire.

mal qu'il durât encore quelques mois de plus? Pourriez-vous, monsieur, avoir la bonté de voir avec M. le
premier président ce qu'il peut faire? en attendant,
qu'il prenne les arrangements qui lui conviendront le
mieux avec la cour, sur cette affaire, dans laquelle
Berne et Genève interviennent.

J'ai pris la liberté d'envoyer à M. le président et à
M. le procureur-général, un petit livre que je crois
fait par un huguenot, et dont on n'a tiré que trente-
six exemplaires; j'en ai attrapé deux; si j'en avais eu
un troisième il eût été pour vous; mais j'ai compté
que M. le premier président ou M. le procureur général vous prêterait le sien.

Il me paraît que les jésuites restent à Besançon.
Pour moi j'en ai un qui me dit la messe, et je me
flatte que le Pape m'en saura fort bon gré.

J'ai l'honneur d'être, avec bien du respect, monsieur, votre très-humble et très-obéissant serviteur.

VOLTAIRE.

Je présente mes respects à madame Le Bault [1].

XXIX

Au château de Ferney, 6 janvier 1765 (2).

Un pauvre quinze-vingt, monsieur, a encore un go-
sier, quoiqu'il soit privé des yeux. Les dames qui vi-

---

1. La signature et le post-scriptum sont seuls écrits de la main de
Voltaire, le reste a été dicté.
2. Dictée à un secrétaire, signée par Voltaire.

vent avec moi ne sont pas dignes de votre vin. Elles
disent que le bourgogne est trop vif pour elles; mais
moi dont la vieillesse a besoin d'être réchauffée, j'ai
recours à vos bontés; et je vous supplie de vouloir
bien rendre un arrêt, par lequel il sera ordonné à un
de vos gens, de m'envoyer cent bouteilles, en deux
paniers du meilleur vin qu'un aveugle puisse boire;
peut-être même cela me rendra-t-il la vue, car on
dit que ce sont nos montagnes de glace qui m'ont
réduit à ce bel état, et que les contraires se guérissent
par les contraires. Je vous avoue que je serais fâché de
perdre absolument les deux yeux, qui ne pourraient
plus voir madame Le Bault, par la même raison qu'il
me serait dur de perdre les deux oreilles qui ne pourraient plus entendre ni vous ni elle. Je me suis toujours bercé de l'espérance de venir vous faire ma cour
à tous deux à Dijon, mais

> Belle Philis on désespère
> Alors qu'on espère toujours.

Oserais-je, monsieur, prendre la liberté de vous
supplier de présenter mes respects à M. le procureur
général ?

Daignez me conserver toutes vos bontés. Voulez-
vous bien avoir celle de m'adresser les cent bouteilles
par Lyon, à l'adresse de M. Camp, banquier de Lyon,
par le premier roulier qui partira pour ce pays-là.

Je vous souhaite les années de celui qui a le premier
planté les vignes, soit Bacchus, soit Noé.

J'ai l'honneur d'être, avec bien du respect, monsieur, votre très-humble et très-obéissant serviteur,

VOLTAIRE.

XXX

A Ferney, par Genève, 11 mars 1765 (1).

Vous me méprisez, monsieur, parce que je suis devenu pauvre, et que je ne vous ai demandé que cent bouteilles de vin cette année ; mais c'est précisément par cette raison là même que je m'attends à vos bontés. D'ailleurs, j'ai encore un tonneau tout entier de votre bon vin. Je suis le seul chez moi qui en boive, comme j'ai eu l'honneur de vous l'écrire, et j'en bois environ un demi septier par jour. C'est une affaire de santé, et non pas de luxe. Je suis indigne d'être bourguignon. Ayez pitié de mon indignité, de ma misère et de mes maladies, et daignez m'envoyer à Lyon, à l'adresse de M. Camp, par les premiers rouliers, les cent bouteilles du cordial que je vous demande.

Je présente mon respect à madame Le Bault. J'ai l'honneur d'être avec les mêmes sentiments, monsieur, votre très-humble et très-obéissant serviteur,

VOLTAIRE.

XXXI

Au château de Ferney, 20 mars 1765 (2).

Monsieur,

Je reçus les **120** bouteilles trois jours après vous

1. Dictée ; mais signée de la main de Voltaire.
2. Dictée ; mais signée de la main de Voltaire.

avoir exposé ma misère. Au lieu de mes doléances, recevez mes tendres remerciements. Permettez-moi de
présenter mes respects au magistrat philosophe qui se
démet de la place de procureur général, et à celui qui
lui succède.

Je suis tout fier des bontés de madame Le Bault.
Madame Denis la remercie bien respectueusement,
ainsi que vous, monsieur, dont les bontés me sont
bien chères, et dont la santé nous est également pré-
cieuse.

Oserais-je encore vous supplier de vouloir bien ne
me pas oublier auprès de M. le premier président qui
m'a toujours honoré de sa protection.

La justice complète, rendue enfin aux Calas, est
applaudie de toute l'Europe, et vous n'ignorez pas à
présent cette nouvelle. Cette affreuse aventure n'était
point la faute du parlement de Toulouse, mais celle
d'un capitoul qui est bien puni aujourd'hui de son fanatisme. Cela ne serait pas arrivé au parlement de
Dijon; il est bien doux de vivre sous ses lois.

J'ai l'honneur d'être, avec beaucoup de respect,
monsieur, votre très-humble et très-obéissant serviteur,

VOLTAIRE.

XXXII

A Ferney, 10 avril 1765 (1).

Monsieur,

Ce que vous avez bien voulu m'écrire dans la der-

1. Dictée par Voltaire, signée par lui.

nière lettre dont vous m'honorâtes, concernant les justices subalternes, est digne d'un magistrat tel que vous. Je vis, il y a un an, le parlement de Bourgogne, sous la juridiction duquel j'ai le bonheur de me trouver, donner un bel exemple qui doit contenir ces justices dans les bornes des lois. Une pauvre fille de mon voisinage qui n'avait point celé sa grossesse, et qui était accouchée entre les mains de trois femmes, d'un enfant mort en naissant, fut condamnée à être pendue par des juges de village : elle fut amenée par devant votre Tournelle qui la déclara innocente, et trouva la sentence très-inique.

Quelques-uns de vos magistrats me firent, plusieurs mois après, l'honneur de venir dîner à Ferney. Le juge qui avait porté cette malheureuse sentence s'y trouvait, on en parla; un de vos messieurs indigné, lui dit: « quel est le butord qui a prononcé cette sentence? « Il mériterait qu'on le prît à partie, et qu'on le « punît sévèrement. »

Le butord à qui on adressait la parole ne répondit rien, et je ne lui fis point l'affront de le découvrir. Je peux vous assurer, monsieur, que la justice de Gex, aurait besoin quelquefois d'être éclairée par ses supérieurs. M. Dupuits qui a épousé mademoiselle Corneille [1] et qui aura l'honneur de vous rendre ma

1. Voltaire avait exhumé deux héritiers du nom de Corneille, et qui vivaient dans la misère. L'un, Jean-François, arrière-petit-fils d'un cousin du grand poète, dut recevoir le profit d'une édition de Corneille commentée par Voltaire; l'autre, Marie-Françoise, arrière-petite cousine de Pierre, et que Voltaire appelle quelquefois *Cornélie Chiffon* dans ses lettres, fut adoptée par lui, dotée, enfin mariée comme on le voit, à M. Dupuits, cornette de dragons.

lettre, est appelant d'une sentence de Gex, rendue contre lui en faveur d'un Genèvois. Je crois que vous serez son juge; je ne prends pas la liberté inutile de vous solliciter; la sollicitation ne doit être que dans l'évidence du bon droit. Il vous expliquera sa cause. Peut-être est-elle d'une nature que les ordonnances sur substitutions n'ont ni assez éclaircie, ni même assez prévue; car l'ordonnance ressemble assez, comme vous savez, au conte de Lafontaine : *On ne s'avise jamais de tout.*

Je crois que je serai bientôt au nombre de vos clients. Ma nièce, du moins, à qui j'ai donné le château de Ferney, pourra être obligée de plaider par devant vous contre son curé pour les dîmes; c'est une affaire dont nous n'avons pas encore la moindre connaissance : elle était pendante au conseil du roi du temps des prédécesseurs du seigneur et du curé. Les principaux documents sont à Turin et à Berne; tout ce que j'en sais, c'est que nous avons contre nous le concile de Latran, et pour nous Henri IV; c'est lui qui sollicite en notre faveur, et je crois même que vous nous avez déjà fait gagner notre cause, en enregistrant des lettres patentes de ce prince qui maintenaient les seigneurs de Gex dans la possession de leurs dîmes, en vertu des traités faits avec les ducs de Savoie et le canton de Berne. Je ne sais si ces traités furent enre-

Ce qui tend à prouver que cette action généreuse de Voltaire était faite au moins autant par orgueil que par enthousiasme pour Corneille, c'est qu'il témoigna une grande dureté à d'autres parents du même écrivain et de son nom, qui voulurent avoir recours, comme Jean-François et Marie-Françoise, à la bonne volonté qu'avait affichée Voltaire pour qui portait le nom de Corneille.

gistrés au parlement. Il serait bien étrange qu'on eut omis une formalité si essentielle.

M. de Fontette négocie actuellement avec M. le duc de Praslin, pour prendre les arrangements convenables. Je n'en sais pas davantage. Oserais-je vous supplier, monsieur, d'en parler à M. de Fontette? Il paraît que MM. de Berne et de Genève ayant les mêmes intérêts que nous dans ce qui regarde le maintien des traités, c'est une affaire d'État autant que de jurisprudence.

Au reste, les petits délais que doit nécessairement éprouver le curé de Ferney, ne lui sont pas bien préjudiciables. Il est fort à son aise, nous lui avons fait bâtir une jolie église, nous lui avons donné des ornements d'évêque, et s'il ne boit pas d'aussi bon vin que moi, il en boit beaucoup davantage.

J'ai l'honneur d'être, avec beaucoup de respect, monsieur, votre très-humble et très-obéissant serviteur,

VOLTAIRE.

XXXIII

Au milieu d'une lettre de remercîments écrite à M. Le Bault par M. Dupuits, mari de mademoiselle Corneille, et par suite gendre adoptif de Voltaire, celui-ci ajoute les quelques lignes qui suivent :

Monsieur,

Permettez que je me joigne à mon gendre adoptif. Vous voyez que mes remercîments ne sont pas toujours pour du vin, mais s'il est permis de joindre l'agréable à l'utile, oserai-je vous présenter une requête pour cent bouteilles du meilleur l'automne prochain. Il faut encore que j'implore vos bontés pour un petit tonneau de provins ou chapons [1]. — Pardon de mêler ainsi Bacchus avec Thémis, mais ce sont deux grandes divinités.

Madame Le Bault veut-elle bien recevoir mon respect ainsi que vous, monsieur, qui honorez de vos bontés votre très-humble et très-obéissant serviteur,

VOLTAIRE.

XXXIV

A Ferney, 19 Janvier 1767 (2).

Monsieur,

Il y a environ six semaines que j'ai reçu cent bouteilles de vin sans aucun avis, et comme nous sommes bloqués actuellement de tous côtés par les soldats [3] et par les neiges, il ne m'est pas possible de savoir d'où ce vin nous est venu. Je soupçonne que c'est vous qui me l'avez envoié, et je voudrais savoir ce que je vous dois. Plût à Dieu que vôtre bonté put nous consoler dans la disette extrême où nous sommes de tout ce qui est nécessaire à la vie; nous manquons de tout sans aucune exagération. Nous sommes précisément à Ferney comme dans une ville assiégée. Je ne m'attendais

1. Il s'agit toujours des plants de vignes demandés par Voltaire à M. Le Bault.

2. Dictée par Voltaire, signée par lui.

3. A cause des troubles civils de Genève, la France avait fait occuper militairement la frontière.

pas à soutenir icy les horreurs de la guerre dans mes derniers jours. Cela serait bien plaisant si cela n'était pas insupportable.

Je vous suplie de me mettre aux pieds de madame Le Bault, de M. le premier président, et de M. le procureur général

J'ay l'honneur d'être avec bien du respect, Monsieur, votre très humble et très obéissant serviteur,

VOLTAIRE.

XXXV

A Ferney, 6 février 1767 (1).

Vraiment, Monsieur, quand vous voudrez, vous nous ferez grand plaisir de combattre nos abominables neiges avec quarante bouteilles d'excellent vin. Il n'y aurait qu'à les faire adresser par la veuve Rameau à Nyon, où je les enverrais chercher. Je suis plus las de ma Sibérie que je ne le suis de la guerre de Genève. L'hiver y est pire qu'à Petersbourg, de l'aveu de tous les Russes qui sont venus chez nous. C'est acheter trop cher quatre mois d'un été agréable. Le plaisir du plus bel aspect du monde n'est pour moi qu'une privation quand je perds la vue ; en un mot, je voudrais venir boire votre vin à Dijon.

Ne croyez pas au reste que notre guerre genevoise soit une pure plaisanterie. Nous n'avons plus de commerce ni avec la Savoye, ni avec Lyon, ni avec la Suisse : il faut tout faire venir avec des frais immenses. Plus notre maison est grosse, plus nous souffrons.

1. Dictée par Voltaire, signée par lui.

Vous sentez, Monsieur, combien je dois être flatté de l'honneur de vous avoir pour confrère. Mais entre nous (permettez-moi de vous le dire sous le secret) nous avons un étrange associé. C'est un tour sanglant qu'on a fait à l'Académie, je ne crois pas qu'elle doive le souffrir. Il est honteux surtout que la nomination d'un homme de votre considération, soit l'époque d'une pareille insulte. Un géolier honoraire n'est guères fait pour être académicien honoraire. Toutes les bienséances sont trop blessées[1].

Je prends la liberté de vous parler avec une confiance que m'inspire mon respectueux attachement pour vous. Vous ne me décèlerez pas.

Madame Denis vous présente ses obéissances ainsi qu'à madame Le Bault.

J'ai l'honneur d'être avec bien du respect, Monsieur, votre très humble et très obéissant serviteur,

VOLTAIRE.

XXXVI

A M. LE PRÉSIDENT DE BROSSES

A Ferney, 10 auguste 1708 (2).

Je n'ai pas répondu plutôt, Monsieur, à votre lettre

---

1. Il s'agit de l'Académie de Dijon. Voltaire en avait été reçu membre le 3 avril 1761. Nous n'aurons pas l'indiscrétion de rechercher à qui peut s'appliquer l'épithète de *géolier honoraire*.

2. Publiée par M. Foisset, dans la *Correspondance de Voltaire avec le Président de Brosses*, p. 199. — Cette pièce est une copie.

du 10 mai, parce que j'ai voulu avoir le temps de m'instruire. Je vous réponds quand je suis instruit.

Vous me dites que vous avez donné à madame Denis, l'une de mes nièces, un désistement de la clause intolérable de votre contrat. Elle donne des déclarations réitérées que jamais vous ne lui avez ni écrit, ni fait parler, ni fait écrire sur cette affaire essentielle.

Vous dites ensuite que c'est à M. Fargès, intendant de Bordeaux, que vous avez envoyé ce désistement, et qu'il a dû le donner à madame Denis. J'ai écrit à M. Fargès : il me marque par sa lettre du 4 juin, qu'il n'a jamais reçu un tel papier, que vous ne lui avez jamais parlé, et qu'il ne s'agissait que d'un procès pour des moules de bois.

J'ai fait consulter à Paris des avocats sur tous les objets qui nous divisent : ils ont tous été d'avis que je prisse des lettres de réscision contre vous ; et ils les ont fait dresser.

Je n'ai pas voulu cependant prendre cette voie ; j'aime mieux faire sur vous un dernier effort. Voici le fait tel qu'il est prouvé par les pièces authentiques.

Vous venez, en 1758, me vendre à vie votre terre de Tournay, que vous me donnez pour une comté ? Vous exprimez dans le contrat qu'elle est estimée 3,500 livres de rente ? Vous exprimez dans le mémoire, de votre main, que le bois attenant est de cent poses ? Vous exigez par le contrat, que je fasse pour 12,000 livres de réparations ? Vous stipulez *qu'à ma mort tous les effets et meubles sans aucune exception* qui se trouveront dans le château vous appartiendront en pleine propriété ? J'omets d'autres clauses sur lesquelles je m'en rapportai à votre équité et à votre honneur, ne connaissant point du tout la terre.

A l'égard des réparations, j'en ai fait d'abord pour 18,000 livres, dont j'ai les quittances libellées ; je vous en informe. Pour réponse, vous me menacez d'un procès, au sujet de quelques sapins coupés pour ces réparations, selon le droit que j'en ai.

A l'égard des 3,500 livres de rente que la terre doit produire, je ne l'afferme que 1,200 livres en argent, et environ 300 livres en denrées. Ainsi je suis lésé de plus de moitié, et je ne m'en plains pas.

A l'égard du bois, vous l'avez affirmé de cent poses : les arpenteurs du roi n'y ont trouvé que trente-neuf arpens, mesure de Bourgogne, qui valent vingt-trois poses et demie ; et de ces vingt-trois poses et demie vous faisiez couper la moitié par votre commissionnaire Charles Baudy, dans le temps même que vous me vendiez ce bois. Et vous dites dans le contrat que vous avez vendu cette partie à un marchand ? Ainsi me voilà entièrement frustré du bois, et vous m'obligez encore de vous laisser à ma mort soixante arbres par arpents.

A l'égard des effets et meubles qui doivent, sans aucune exception, vous appartenir à ma mort, vous voulez bien vous désister de cette clause qui seule pourrait rendre le contrat nul ; mais vous prétendez que tous les effets concernant l'agriculture vous appartiendront. Cela n'est pas juste. Les meubles de mon malheureux fermier qui perd dans son exploitation, ne doivent pas être à vous. Vous ne devez pas dépouiller

des pauvres de leur unique bien. Ce n'est rien pour
vous que quelques bœufs et quelques vaches avec de
misérables ustensiles ; c'est tout pour eux.

Je vous demande un accommodement honnête. Je
vous déclare que je suis prêt d'en passer par l'arbitrage des membres du parlement ou des avocats que
vous choisirez vous-même.

Vous me répondez que Warburton sait l'histoire
orientale, que Corneille est une lune, et que je ne suis
qu'une étoile. Il ne s'agit pas ici de savoir si les in-
fluences de cette étoile ont été favorables aux descen-
dants de Corneille ; il s'agit que je puisse vivre et
mourir chez moi, en attendant que ce *chez moi* soit
chez vous. Il n'y a aucun fétiche qui puisse en être
offensé.

Vous me dites que je n'ai nulle envie de demeurer à
Tournay ; et moi je vous répète, Monsieur, que je veux
y habiter. Et voici ce que je demande :

1° Que vous vouliez bien déclarer par un mot d'é-
crit, que vous ne répéterez après ma mort aucun
meuble quel qu'il soit, que les vôtres ou la valeur en
compensant le temps qu'ils ont servi.

2° Que vous me laisserez prendre du bois pour mon
chauffage, sans que je réponde des arbres qui sont
couronnés ou vermoulus.

3° Que vous transigerez à l'amiable avec mes héritiers, en considération de ce même bois que vous m'a-
vez vendu pour cent poses, et qui n'en a que vingt-
trois et demie. Il n'est pas possible que je ne fasse
pour **2,000** écus au moins de réparations au château,
si j'y demeure. Ces dépenses vous resteront, et quand

il m'en aura coûté environ **60,000** livres pour une terre à vie achetée à soixante-six ans, laquelle me rapporte à peine 1,500 livres, vous ne serez pas lésé, et vous devez songer que j'ai soixante-quinze ans.

S'il y a un seul conseiller du parlement, un seul avocat qui trouve mes demandes déraisonnables, j'y renonce. Je ne demande qu'à pouvoir être tranquillement avec des sentiments de respect et même d'amitié, Monsieur, votre serviteur,

VOLTAIRE.

XXXVII

Au château de Ferney, 27 auguste 1768 (1).

Monsieur,

Je me flatte que vous aurez d'excellent vin cette année, et que vous voudrez bien que j'en boive cent bouteilles. M. le président de Brosses me fait boire la lie du vin de la terre de Tournay ; si vous vendiez votre vin aussi cher qu'il vend le sien, vous feriez une fortune immense. S'il veut vous prendre pour arbitre, vous êtes un gourmet en fait de procédés ; j'en passerai par ce que vous ordonnerez. Au reste, si M. de Brosses ne veut pas me rendre justice, j'aime mieux souffrir que plaider, et quoique j'aie beaucoup perdu avec lui dans cette affaire, j'aime mieux mon rôle que le sien.

Permettez-moi de présenter mes hommages à madame Le Bault.

1. Publiée par M. Foisset, dans la *Correspondance de Voltaire avec le Président de Brosses*, p. 196. — Dictée. — Signée.

J'ai l'honneur d'être avec bien du respect, Monsieur, votre très humble et très obéissant serviteur,

VOLTAIRE.

XXXVIII

A Ferney, 11 janvier 1769 (1).

Monsieur,

A la réception de votre lettre j'envoiai une lettre de change à M. François Tronchin, j'étais si malade que je ne pus pas même lui écrire, il faut que je sois désespéré, puisque votre bon vin ne m'a pas encor guéri : cependant je ne veux boire que par vos bienfaits. Je ne puis plus souffrir d'autre vin que le vôtre, aparemment que tant vaut l'homme tant vaut son vin.

M. de Brosses à fait enfin à peu près ce que je désirais. Ce n'a pas été sans peine. Il n'a jamais daigné mettre la générosité au nombre de ses vertus.

Mille respects à madame Le Bault.

J'ai l'honneur d'être avec les mêmes sentiments, Monsieur, votre très humble et très obéissant serviteur,

VOLTAIRE.

XXXIX

A Ferney, 6 décembre 1769 (2).

Monsieur,

Vous êtes charitable, je bois du vinaigre, j'ai re-

1. Publiée par M. Foisset, dans la *Correspondance de Voltaire et du Président de Brosses*, p. 211. — Dictée. — Signée.

2. Dictée. — Signée.

cours à vos bontés ; je vous suplie de m'envoier cent bouteilles de vôtre vin rouge et cent bouteilles du joli petit vin blanc de madame Le Bault. Aiez pitié d'un pauvre malade qui vous est bien véritablement attaché.

J'ai l'honneur d'être avec bien du respect de monsieur et de madame Le Bault, le très humble et très obéissant serviteur,

VOLTAIRE.

XL

Aux Délices, 3 juillet (1).

Monsieur,

Si vous avez un simple tonnau de votre bon vin, une demi queue, elle sera reçue avec reconnaissance, on la boira à votre santé, on la payera loyalement selon notre coutume, mais il faudra attendre que les chaleurs soient passées. C'est une affaire de fin d'automne, nous verrons alors combien vous voudrez nous donner de vin d'ordinaire. Nous en avons fait venir beaucoup, mais il faut le garder longtemps, nous boirons le votre en attendant.

Le président de Brosse, quoyque vous vouliez lexcuser en vous moquant de luy est un négligent avec le respect que je luy dois, car il pouvait très bien envoyer du plan de Bourgogne en novembre puisque jay planté des brimborions de vigne en décembre qui ont très bien réussi, ceux que vous eutes la bonté de m'envoyer vont à merveille, je ne me plains de rien dans mes

---

1. En entier de la main de Voltaire.

terres que de la rapacité des gens de justice de Gex,
qui ruinent tout le pays. Un procureur nommé *Dulcis*
dont le nom est un contre sens, fait vingt pages d'écri-
ture pour quelques vaches entrées dans le pré d'un
voisin, et vous met en gros caractères deux mots dans
une ligne avec une conjonction ou sans conjonction

    Sieur ÉTIENNE,
      ami citoyen de   et douze lignes dans
    Genève, étant de   une page.
      séjour à Moin.

et puis le coquin fait payer 8 livres 10 pour sa pan-
carte, et il en coute 1 livre, et cela se renouvelle tous
les jours, les paysans se réfugient dans le territoire de
Genève le pays se dépeuple, on n'y trouve pas un ou-
vrier, cela est d'autant plus sérieux que personne n'y
met ordre, je vous supplie très-instamment, Monsieur,
de vouloir bien me dire comment il faut my prendre
pour réprimer cet abus intolérable poussé à l'excez,
j'attends cette grâce de votre humanité et de votre justice.

    J'ay l'honneur d'être avec les sentiments les plus
respectueux, votre très humble et très obéissant serviteur,

                           VOLTAIRE.

XLI

A Ferney, pays de Gex, 23 mai (1).

Monsieur,

Il ne s'agit pas toujours de vin de Bourgogne on a quelquefois du vin d'absinthe à avaler, je vous supplie de perdre un quart d'heure à lire ces pièces ², de les communiquer à Monsieur le procureur général a qui je ne prends pas la liberté d'écrire, mais dont j'implore la protection avec la votre.

Quand ces pièces auront été lues je vous supplie Monsieur de les faire donner à M. l'avocat Arnoult afin qu'il fasse au nom de madame Denis, dame de Ferney, du curé de Ferney et de la commune tout ce qui sera de droit.

Jay l'honneur d'être avec bien du respect, Monsieur, votre très humble et très obéissant serviteur,

VOLTAIRE.

XLII

Aux Délices, 12 octobre (3).

Quest devenu, Monsieur, le gros tonneau dont vous aviez eu la bonté de me flatter après le temps ou les chaleurs seroient passéez, je suis toujours a vos ordres, je ne scais si on paye vingt francs par pinte, comme

---

1. Publiée par M. Foisset. — *Correspondance de Voltaire et du Président de Brosses*, p. 248. — Dictée. — Signée.

2. Il s'agit d'un procès intenté par Voltaire à l'officialité de Gex à propos d'une église bâtie par Voltaire à Ferney.

3. Publiée par M. Foisset. — *Correspondance de Voltaire et du Président de Brosses*, p. 249. — En entier de la main de Voltaire.

par roue de carosse. J'espère que les impots serviront un jour a nous faire boire votre vin en paix. On dit qu'il y a dans les vignes de Tournay un peu de vin passable, mais je le ferai boire aux Genevois, et je ne gouterai que le votre si vous en avez; permettez-moy de saisir cette occasion de présenter mon respect à madame Le Beau, et de vous assurer de celuy avec lequel je serai toutte ma vie, Monsieur, votre très humble et très obéissant serviteur,

VOLTAIRE.

XLIII

Aux Délices, 22 octobre (1).

Monsieur,

Les massons et les charpentiers, et *ejusdem farinæ homines* m'ont ruiné. Il est dur pour un voisin de la Bourgogne de dépenser en pierres ce quon pourait mettre en vin; voyla pourquoy j'ay eu l'indignité de préférer un tonnau de 260 à un de 450. J'ay baucoup de vin assez bon pour des Genevois qui se portent bien; mais à moy malade, il faut un restorant bourguignon. Voulez-vous boire à nous deux votre tonnau de 450? envoyez-m'en la moitié et pardonnez a ma lezine. L'année prochaine je serai hardi, si les Anglais ne nous prennent pas Pondicheri, et si on ne nous impose pas un quatrieme vingtieme. Franche-

---

1. Publiée par M. Foisset. — *Correspondance de Voltaire et du Président de Brosses*, p. 247. — En entier de la main de Voltaire. Il semble probable que cette lettre est de 1760: Pondichéry ayant été pris en 1761.

6

ment tout cecy est un peu dur, mille respects à madame.

C'est avec les memes sentiments que j'auray toujours l'honneur d'etre votre tres humble et tres obéissant serviteur,

VOLTAIRE.

XLIV

Au château de Ferney, par Genève, 5 décembre (1)

Monsieur,

Vous ne m'avez rien écrit sur vos vignes cette année, je me flatte que la benediction de Jacob est tombée sur vous comme sur nos cantons; nous ne sommes pas dignes nous et notre vin de la prodigieuse quantité que nous en avons; mais nous faisons plus de cas de deux de vos tonnaux que de trente des notres. Si donc, monsieur, vous avez un tonneau de vin ordinaire et un autre dexcellent, je boiray l'un et l'autre a votre santé, en cas que vous vouliez bien me le permettre.

Permettez-moy d'assurer madame Le Beau de mon respect. C'est avec les mêmes sentiments que jay l'honneur d'etre, monsieur, votre tres humble et tres obeissant serviteur,

VOLTAIRE.

---

1. Publiée par M. Foisset. — *Correspondance de Voltaire et du Président de Brosses*, p. 260. — En entier de la main de Voltaire.

Paris. — Imp. E. AL. Bourdien, Capiomont fils et Cie, rue des Poitevins, 6.

www.ingramcontent.com/pod-product-compliance
Lightning Source LLC
Chambersburg PA
CBHW070125100426
42744CB00009B/1743